HEINZ KLEGER

TOLERANZEDIKT ALS STADT-GESPRÄCH II

2008-2013

Eine Zwischenbilanz

ISBN 9783732235322

Impressum:
Herausgegeber: Neues Potsdamer Toleranzedikt e.V., Gutenbergstraße 62, 14467 Potsdam
Autor: Heinz Kleger
Bildnachweis: dpa - picture alliance, Heinz Kleger, Neues Potsdamer Toleranzedikt e.V.
1. Auflage, Oktober 2013

Mit freundlicher Unterstützung durch die Landeshauptstadt Potsdam.
Herstellung und Verlag: Books on Demand GmbH, Norderstedt
Erhältlich im Buchhandel und bei www.amazon.de

Inhaltsverzeichnis

Vorwort

Im Wettbewerb der Wissenschaftsstädte sollte 2007 das bekannte Edikt von Potsdam (1685) „reloaded" werden, wie es neudeutsch hieß. Daher stellte sich die interessante Frage, wie man heute ein ‚Toleranzedikt' schreibt, und zwar eines im Vollsinne des Wortes, das zudem kein Edikt ‚von oben' sein sollte.

Das Experiment ‚Toleranzedikt als Stadtgespräch' wird hier noch einmal rekapituliert. Es hat Anstöße gegeben, die Gesprächskultur insgesamt zu verändern. In neuen Bürgerbeteiligungsverfahren werden diese Impulse weiterwirken.

Im Folgenden steht die *Idee* ‚Toleranzedikt als Stadtgespräch' im Zentrum. Was steckt dahinter? Was kann man damit bewegen? Wie kommt man von der Stelle? Wie trägt es dazu bei, dass die soziale Praxis und ‚Interpretationsgemeinschaft' der Bürgerschaft nicht verkümmert? Das 2008 erarbeitete neue Toleranzedikt wird als Fix- und Anknüpfungspunkt für einen offenen und unabgeschlossenen Prozess verstanden. Beispiele aus den Jahren 2008 bis 2013 erläutern diesen Prozess, der ein Element von Aufklärung ist, bei der es „nur Beteiligte" gibt (Habermas).

Einerseits kreisen die folgenden Überlegungen noch einmal (oder wieder) um Toleranz im Sinne einer Vertiefung und Differenzierung: so um Toleranz in Brandenburg (Kap. I), Toleranz als Stadtgespräch (Kap. II), Stadtgespräch als Praxis (Kap. III), Toleranz und Offenheit (Kap. IV), die Stadt als Ort der Toleranz (Kap. V), Toleranz und Konflikt (Kap. VI) sowie Toleranz und Zivilität (Kap. VII).

Andererseits ist ‚mehr als Toleranz' angezielt, nämlich eine *praktische Philosophie*, die nicht nur zur urbanen Toleranz und Demokratie passt, sondern diese auch anregt und weiter entwickelt und ebenso gegen Rückschläge angehen kann. ‚Das Gespräch, das wir sind' (Gadamer), verstehen wir deshalb als eine *Dialogkultur*, bei der man seine Haltung (Identität) nicht aufgeben muss, sondern als Gegenposition erkennen lassen kann – ohne Angst und Ausschluss (Kap. VIII, IX).

Identität und Toleranz schließen sich ebenso wenig aus wie Toleranz und Konflikt, ansonsten müssten wir keine ernsthaften Dialoge führen. Vielmehr wird mit Bürgerschaft und demokratischer Regierbarkeit eine selbstbewusste Toleranz angestrebt, die fähig ist, eine komplexe urbane Toleranz gedeihen zu lassen, in der für viele und vieles Platz ist (Kap. X, XI, XV). Selbstbewusste Toleranz bedeutet das Gegenteil von Berührungsangst, auch gegenüber schlechter Gesellschaft, die sich nie gänzlich vermeiden lässt. Am inneren und äußeren Streit um identitätsbildende Überzeugungen kommen wir in einer multikulturellen Gesellschaft ohnehin nicht vorbei.

Nach 1989 ist man in Brandenburg wieder auf der Suche nach Vorbildern und sortiert die Werte neu. Im Erziehungsbereich existiert seit 2007 ein ‚Bündnis für Werte', auch das ‚Tolerante Brandenburg' (seit 1998) ist ein Bündnis für Werte (und mehr) ebenso wie das ‚Toleranzedikt' (seit 2008). Diese verbreitete Rhetorik der Werte, die auf Orientierungsunsicherheiten reagiert, ist bei allem *Engagement* auch mit *Distanz* zu betrachten (Kap. XIV). Sonst könnte sie das Gegenteil erreichen – nämlich Frustration und

Zynismus. Für die nötige Distanz brauchen wir *Theorie*, die nicht weltfremd ist. Werte, Tugenden, Güter, Normen, Rechte und Aufforderungen sind nicht dasselbe. Toleranz ist kein Wert, obwohl sie additiv als solche aufgezählt wird[1], sondern primär eine Verhaltenstugend. Diese Unterscheidungen haben praktische Konsequenzen. Es ist deshalb notwendig, überlegter zu sehen, wie wir unsere *Worte gebrauchen* und was wir tun *können* (Kap. XII, XIII).[2]

Der vorliegende Text ist zum einen eine Zwischenbilanz des Potsdamer Toleranzedikts, zum anderen ein Versuch, einige Bausteine zur Orientierung beizutragen. Es handelt sich um Hinweise, Anregungen und Vorschläge, verbunden mit vielen Fragen. Das Gespräch geht weiter. Es soll eine Anlaufstelle für viele sein, das selbständige Denken fördern, zu einer toleranten Aufklärung führen und solidarisches Handeln ermöglichen.

I. Eine Steilvorlage ist noch keine Grundlage (die müssen wir uns selbst erarbeiten)

Auf die Idee ein neues Toleranzedikt zu lancieren wäre man nicht gekommen ohne das Alte. Das berühmte ‚Edikt von Potsdam' aus dem Jahre 1685 war zwar kein Toleranzedikt: Weder hieß es so, noch kommt in ihm das Wort ‚Toleranz' vor. Dennoch wird es im Volksmund ‚Toleranzedikt' genannt, und das nicht ganz zu Unrecht, was eine willkommene ‚Steilvorlage' (wie im Fußball, also keine ‚Grundlage') aus der Geschichte dieses Ortes ist. Wir können daran anknüpfen. Der kühne Ansatz des Einladungsedikts zum richtigen Zeitpunkt, kurz nachdem das französische ‚Edikt von Nantes' (1598), welches Religionsfrieden zwischen Katholiken und Hugenotten schaffen sollte, gescheitert war, verbindet religiöse Toleranz (in Artikel 11) mit Handlungsmut. Der damalige Pragmatismus wird seinem Namen gerecht, denn er hat auf kluge Weise einiges anzubieten, was man in der heutigen ökonomisch imprägnierten Sprache ‚Anreize' (‚incentives') nennt.

Ein Toleranzedikt im buchstäblichen oder vollen Sinne des Wortes (über religiöse Toleranz hinaus) war das Edikt von Potsdam dennoch nicht. Es tat zwar einen Schritt in Richtung religiöse Toleranz, nämlich die Toleranz zwischen der lutherischen Mehrheitsgesellschaft und den flüchtenden französisch Reformierten bzw. Calvinisten. Diese religiöse Toleranz ‚von oben' schloss die Katholiken und die Juden noch nicht ein. Dieser Schritt wurde erst mit Friedrichs ‚Jeder nach seiner Façon gemäß seiner Religion' (1740) gegenüber den Katholiken und – nach Friedrich, dessen Judenpolitik Mirabeau geißelte – mit dem Emanzipationsedikt von 1812 auch gegenüber der größten nicht-christlichen Minderheit, den Juden, vollzogen.

Das ursprünglich französischsprachige Edikt von Potsdam bot den hugenottischen Glaubensflüchtlingen eine neue Heimat. Es wurde zunächst in 2.000 Exemplaren an die Gesandten in Paris und an den Fluchtwegen in Hamburg, Regensburg, Den Haag und Frankfurt am Main verteilt. Dieser subversive Akt war die Stunde der preußischen Toleranz. Im 17. und 18. Jahrhundert betrieb das preußische Herrscherhaus bewusst eine aktive Einwanderungspolitik und holte hugenottische Glaubensflüchtlinge, niederländische Handwerker, böhmische Weber und Schweizer Landwirte ins brachliegende Land.

Bereits im Juni 1685 lud der große Kurfürst 14 Schweizer Familien in die neu gegründete reformierte Kolonie Nattweder bei Potsdam ein, die man immer noch besichtigen kann. Ein Ausflug lohnt sich, um die kargen Landschaften zu erleben, die es galt, urbar zu machen. Die ihnen eingeräumten Privilegien (was wir ‚Anreize' genannt haben) wie Landerwerb, Erbrecht, keine Dienste, Bezahlung des Predigers und anderes mehr wurden zum Vorbild für den späteren wichtigen Artikel 9 des Edikts von Potsdam, das insgesamt 14 Artikel umfasste und noch immer bemerkenswert ist.

Die ‚Fremdlinge', wie sie hießen, sollten allerdings nicht nur durch Anreize gelockt, sie sollten auch beheimatet werden: Heimat ist dort, wo man sich Zuhause fühlt. Das braucht Zeit. Es war eine *gewünschte* Integration, die allerdings auch – ebenso wie heute – mit Schwierigkeiten, Neid, Konkurrenz und Rangspannungen belastet war. Dies gehört unvermeidlich zum konfliktreichen Wechselspiel von Integration und Identität. Im Nachhinein kann man von dieser erfolgreichen Integration lernen. Denn ohne Zweifel wurde Brandenburg durch diese Politik ein neues Land ebenso wie Potsdam eine neue originelle Stadt, wo sich Kolonisten verschiedener Völker mit den alten Bewohner zu einer neuen Einheit verschmelzen konnten. Davon profitiert Potsdam noch heute und heute mehr denn je.

Viele Regionen der Welt haben eine ähnliche (Migrations-)Geschichte, woran man

schichte, mit Anfang und Ende, die erzählt wird und behauptet werden muss. Was aber ist, wenn man sich nicht mehr erinnern oder selbst behaupten kann? Dann bleibt einem nur die Menschenrechtssubjektivität, die Würde als Mensch, die mit illusionsloser Nüchternheit zu sehen ist. Individualität ist allerdings auch keine *Marke*, mit der als ,Nichtidentisches'[3] geworben werden kann (wie zum Beispiel ,Porsche' dies tut), sondern sie ist selbstbestimmt und in diesem Sinne singulär. Dagegen ist die Reduktion der Identität auf nur *eine* Dimension, zum Beispiel die religiöse, eine Simplifikation, die Konflikte bewusst anheizen kann.[4] Dies trifft generell für den politischen Konfessionalismus zu, etwa im Konflikt zwischen Schiiten und Sunniten.

erkennen kann, dass Identität, obwohl ursprünglich aus der Logik stammend (A=A), nichts Einfaches und Fixes ist. Sie ist vielmehr geschichtsabhängig und wird dadurch – durch Geschichte und Geschichten – etwas Vermischtes. Identität ist keine *Kopie*, sondern die eigene Ge-

II. Nach der totalitären Erfahrung

Ein Toleranzedikt von heute kann kein ‚Erlass von oben' – ‚Edikt' im ursprünglichen Sinne des Wortes – mehr sein, sondern es muss ein Anliegen der Bürger und Bürgerinnen werden. Dabei geht es nicht um Vorschriften, die man verordnen kann, sondern um ein neues Selbstverständnis, welches nur im Zusammenleben verschiedener Menschen gedeihen kann. Im Zentrum dieses Selbstverständnisses steht nach der Epochenwende der demokratischen Revolution von 1989 *die Freiheit*, und zwar die Freiheit sowohl im Sinne *privater* Unabhängigkeit wie im Sinne der Freiheit, *politisch* sein und seine Meinung unzensiert mit Mut zur Wahrheit äußern zu können. Diese Freiheiten sind alles andere als selbstverständlich, man kann sie nicht einfach regieren. Sie schaffen vielmehr neue Differenzen, welche ertragen und – was ihre sozialen Folgen betrifft – ausgeglichen werden müssen.

Auch und gerade die gleiche Freiheit führt zur Dialektik der Gleichheit, das heißt: zu mehr Differenzen in der sogenannten ‚Massengesellschaft', die heute allein schon wegen der *großen Zahl* eine ist. Vor allem der Wert und das Glück des Einzelnen werden nicht übersprungen. Das gelingende Leben wird letztlich von Individuen gemessen, wobei auch Maßstäbe der Selbstachtung eine Rolle spielen. Das Individuum muss eine solche Beziehung zu sich selbst und anderen aufbauen können. Diese Beziehung, die nicht nur eine ökonomische ist, darf bei allen Rollen, die gespielt werden, nicht verloren gehen.

Für die *Zivilisierung* der Differenzen zu anderen bedarf es der *Toleranz*[5]. Sie hat somit eine politische, soziale und alltägliche

Relevanz. In einer aktuellen Übersicht über Tugenden steht Toleranz weit vorn (neben Würde, Selbstachtung, Freiheit, Gerechtigkeit und Rationalität).[6] Das war nicht immer so, denken wir nur an die deutschen Tugenden ‚Heldenmut, Treue und Ehre', deren Hochschätzung noch nicht lange zurückliegt. Es *muss* auch nicht so bleiben, denn praktische Notwendigkeiten sind keine Gesetzmäßigkeiten im naturwissenschaftlichen Sinne. Unsere Reihenfolge hat also lediglich mit einer bestimmten Lebensform und der „wechselseitigen Gewährleistung von *Spielräumen für ein gelingendes Leben*" zu tun.[7] Dabei wird verbindliche Moral nicht in einen Gegensatz zum individuellen Glück gesetzt, sondern als Versuch verstanden, das gute Leben möglichst für alle erreichbar werden zu lassen.

Nach den Erfahrungen des 20. Jahrhunderts mit seinem Fanatismus, einen ‚neuen Menschen' zu schaffen und alles Abweichende zu vernichten, ist Toleranz zu einem *zentralen* und *bleibenden Wert* – *unstrittig* und gleichzeitig *umstritten* – im friedlichen Zusammenleben freier Menschen geworden, der freilich nur in kleiner Münze als alltägliche Verhaltenstugend, dort aber mit eigenen Erfahrungen verbunden, eingelöst werden kann. Das ist die historisch-politische Erfahrungsdimension der *Wiederkehr der Toleranz* (1).

Ihre überraschend zentrale, mit einer deutlich *polemischen* Bedeutung *gegen* Fremdenfeindlichkeit und Gewalt in Brandenburg (2), hat zudem mit fremdenfeindlichen Übergriffen seit 1990 zu tun, die das Land kompromittiert haben. Nachdem diese Vorfälle lange Zeit heruntergespielt worden sind, bildete sich 1998 das Handlungskonzept ‚Tolerantes Brandenburg', dessen Auftaktveranstaltung bezeichnender Weise in der Nikolaikirche stattfand. Hier wurde an die preußische Toleranztradition angeknüpft, welche in der evangelischen Kirche und ihrer Fähigkeit zum Dialog die DDR überlebte.

Bei dieser *Dialogkultur*, die fortzuführen und zu verbreitern ist, muss man seine *Haltung* nicht aufgeben. Identität und Toleranz schließen sich nicht aus. Letztere erlaubt Zeiten der Unentschiedenheit, manchmal ist Indifferenz sogar besser als Engagement. Toleranz enthält sich indes nicht der Urteile oder Widerstände, wenn sie nötig werden; sie ist nicht ‚postidentisch' oder kriterienlos. Das gehört zu einer selbstbewussten Toleranz wie Zugehörigkeiten als Identitätsmerkmale. *Reine* Toleranz gibt es ebenso wenig wie *postidentische Deutsche*. Identität ohne Differenz gibt es nicht.

Eine *dritte* Erfahrungsdimension der Wiederkehr von Toleranz als virulentes Thema – neben der historisch-politischen Erfahrung des totalitären 20. Jahrhunderts und der spezifisch regionalen Erfahrung in Brandenburg – ist in den *Städten* (3) zu finden, die als kosmopolitische Vorreiter fungieren. Hier können sich Menschen verschiedener Herkunft und Schicht begegnen und neue Bürger werden. Dadurch bildet sich eine *neue Bürgerschaft*, die mehr und anderes umfasst als *Bürgertum* in Sinne einer sozialen Schicht oder neue *Bürgerlichkeit* als kultureller Habitus. Demokratische Bürgerschaft hat sich immer auch gegen Machtansprüche des Bürgertums gebildet. Dass dabei ein willkommener Komfort durch Wohlstand und Wohlfahrt für Viele (die sogenannte

‚Verbürgerlichung der Arbeiter') erreicht worden ist, sollte man wiederum nicht mit Bürgerlichkeit schlechthin verwechseln, die darüber hinaus noch mit anderen Lebensstilen, Ansprüchen und ökonomischen Hintergründen verbunden ist. Nicht jeder kann sie sich leisten. Günther Jauch, der in Potsdam viel besitzt und viel bewegt (das 'Fortunaportal' war der Anfang des Wiederaufbaus des Stadtschlosses), ist deshalb vor Jahren schon vom ‚Cicero' (einem Magazin für ‚politische Kultur') zum Phänotyp einer neuen Bürgerlichkeit erkoren worden.

Überhaupt ist die schnelle und eindeutige Kategorisierung von Menschen irreführend. Sie verdeckt eher, als dass sie irgendetwas aufdeckt. Eigensinnige Menschen entziehen sich mit ihrer ‚Existenz' solchen ‚Schubladisierungen', ihr Widerstandswille ist existenziell. Auch typisch deutsche Begriffsmünzen, die im Schwange sind, wie ‚Wutbürger' oder ‚Gutmenschen' bis hin zu den 'Allzuguten', sind Kategorisierungen, die nicht weiterführend sind.

Ein neues Toleranzedikt muss heute – ob in Potsdam oder anderswo unter anderem Namen – Ausdruck einer *Bürgerschaft* sein, welche sich als heterogene Stadtgesellschaft vor neuen Herausforderungen sieht und sich mit ihnen verändert. Um diese ökonomischen, sozialen, ökologischen und migrationspolitischen Herausforderungen bewältigen zu können, wird eine Dialogkultur benötigt, welche „die Individualität des anderen auch dann respektiert, wenn keine Hoffnung besteht, sie zu verstehen".[8] Das ist die Quintessenz *urbaner Toleranz*. Oder anders gewendet: Was bedeutet Autonomie? „Statt einer Gleichheit des Verstehens, einer transparenten Gleichheit, bedeutet Autonomie, dass man akzeptiert, was man im anderen nicht versteht – eine opake Gleichheit."[9]

Beim Handlungskonzept 'Tolerantes Brandenburg' geht es einerseits um eine klare politische Positionierung von Regierungsseite, andererseits gilt es, Initiativen von unten, die auf lokaler und regionaler Ebene gegen das Klima von Fremdenfeindlichkeit und Intoleranz vorgehen, zu unterstützen. Das 'Tolerante Brandenburg' feiert mittlerweile ebenso sein 15jähriges Bestehen wie das 'Aktionsbündnis gegen Gewalt, Rechtsextremismus und Fremdenfeindlichkeit', welche zivilgesellschaftlichen Initiativen bündeln und stärken. Beides sind anspruchsvolle Handlungskonzepte, die wirksam sind.[10] Die Ergebnisse der bisherigen Bemühungen können sich sehen lassen. Im Unterschied zu den kompromittierenden 90er Jahren gibt es inzwischen eine *sichtbare* Gegenwehr. Dennoch kann all dies nicht beruhigen, wie Umfragen über ausländerfeindliche Einstellungen und rechtsextreme Weltbilder zeigen.[11]

In Ostdeutschland haben sich diesbezüglich die Zahlen in den letzten Jahren nicht verringert, sondern weiter erhöht. Nähme man sie ernst[12], müsste man erschrecken und noch viel mehr unternehmen. Die Frage ist natürlich: Was nehmen wir überhaupt noch *ernst* in der medialen Spaßgesellschaft, die sich vornehmlich auf sich selbst bezieht. Auch die Pannen des Verfassungsschutzes gegenüber dem Terror des Nationalsozialistischen Untergrunds (NSU), der von blankem Fremdenhass getrieben war und dem Staat seine Ohnmacht vorführen wollte bis hin zum Polizistinnenmord, sind alles andere als beruhigend, wenn man ganz klassisch mit Montesquieu politische Freiheit definiert als "jene geistige Beruhigung, die aus der Überzeugung hervorgeht, die jedermann von seiner Sicherheit hat. Damit man diese Freiheit genieße, muss die Regierung so beschaffen sein, dass kein Bürger einen andern zu fürchten braucht."[13] Hier klingen die aktuellen Themen des horizontalen und vertikalen Vertrauens – *untereinander* und *in* den Rechtsstaat – schon an, welches Menschen benötigen, um in Freiheit und ohne Angst ihre Eigenheiten leben zu können.

III. Parallelwelten

Ein Schwachpunkt des ‚Toleranten Brandenburg' ist trotz des Aktionismus der Politik seine *ungenügende Kommunalisierung*, mithin die *Verankerung* in der breiten Bürgerschaft. Solche Konzepte müssen in die *Tiefe* und zugleich in die *Breite* gehen, ansonsten bleiben sie Fassadenpolitik. Es geht tatsächlich um Identität und nicht um Image, wie in der Stadtpolitik der Events. Tiefe meint hier nichts Mystisches, sondern eine Übung in politischem Denken. Und der Versuch in die Breite sollte magere Beispielskost vermeiden, welche konkrete Unterscheidungen verachtet.

Letzteres ist damit verbunden, *wenigstens die eigene Stadt* kennenzulernen[14], um so ein Stück ‚Weltfremdheit', unter der wir in der modernen, komplexen und schnelllebigen Welt (voller ‚Kunstwelten') generell leiden, abzubauen. Es existieren nicht nur *Differenzen* (in verschiedener Hinsicht) zwischen Personen, sondern ebenso *Kluften* zwischen verschiedenen Stadtteilen bzw. ‚Parallelwelten' (Medienstadt, Weltkulturerbe, Wissenschaftsstadt u. a.), die innerhalb und (mehr noch) außerhalb der konkreten Stadt im Rahmen globaler Zivilisationsnetzwerke fungieren. Die Herausforderung, verschiedene Welten miteinander verbinden zu können, ist dadurch gewachsen.

Diese überkomplexe Welt mit ihren zeitlichen Beschleunigungen führt zu einer „Gegenwartsschrumpfung", in der die Gegenwart immer schneller veraltet[15], was für uns alle ein beunruhigender Befund ist, den wir mit dem Älterwerden besonders empfinden. Die politische Theorie versucht dagegen, Erfahrungen transferierbar und reflektierbar zu halten,

wodurch sie einen enzyklopädischen Zug bekommt. Im Unterschied zur klassischen Enzyklopädie der Aufklärung des 18. Jahrhunderts jedoch muss sie angesichts der Wucht der (Welt-)Ereignisse und der gesellschaftlichen Komplexität auch das aktuelle Nicht-Wissen, welches um sich greift, beachten, was durch ‚Experto- und Technokratie' im Krisenmanagement nur notdürftig überspielt wird. In Zeiten der Finanz-, Schulden- und Eurokrise steht offenbar *alles zur Disposition*, einschließlich von Verträgen und rechtsstaatlichen Grundsätzen. Selbst das Geld als ‚Gewissheitsäquivalent' (Luhmann) steht in Frage. Ob dies durch Regionalwährungen und garantiertes Grundeinkommen zu kompensieren wäre, ist zweifelhaft, sollte aber diskutiert und weiter verfolgt werden.

Auf der anderen Seite erleben wir ‚Wunder' in der Politik (Arendt) in Gestalt demokratischer Revolutionen. Alles scheint möglich im positiven wie im negativen Sinne – selbst der Rücktritt eines Papstes oder das Ausscheiden des Ringens als olympische Disziplin. Zeit- und Gedankensprünge werden so unvermeidlich, und es fragt sich, wie Konstanz, Kohärenz und Konsequenz in *Gedanken* sowie Glaubwürdigkeit, Verlässlichkeit und Kontinuität im *Verhalten* überhaupt noch möglich sind.

Schon nach einiger Zeit verstehen wir vieles nicht mehr: „Es ist schon bald nicht mehr wahr", lautet eine gängige Redewendung. Individuelle Rückzüge ins Unpolitische, Familiäre, Spirituelle und Esoterische sind auch Ausstiege aus dem hypermodernen ‚Zug der Zeit', in dem alles möglich scheint und nichts bleibt wie es ist. Jeder geht seine eigenen Wege, wird aber deswegen nicht automatisch unsolidarisch. Zusammenhänge der Zeitgenossenschaft werden indessen ständig zerrissen und fragwürdig. Sie müssen zumindest im kleinen Lebensumkreis immer wieder neu geknüpft werden. Brüche und Neuanfänge sind das Normale. Unter diesen Bedingungen *Common sense* zu bewahren, wird zum alltäglich Schwierigen. Einen anderen *‚Herrn der Lage'* gibt es jedoch in der Demokratie der Bürger und Bürgerinnen nicht. Gerät der aufgeklärte Common sense in die Krise, gerät alles ins Rutschen. Er muss sich deshalb stets neu bilden können. In diesen praktisch-philosophischen Zusammenhang gehört auch das Toleranzedikt als Stadtgespräch.

Das schöne Wort ‚le projet' (bei Sartre), der Lebensentwurf oder die Lebenspläne (bei Rawls) oder die Ästhetik der Existenz (bei Foucault) werden heute zur rastlosen ‚Projektemacherei' (im großen Stil zur Geschäftemacherei mit der Macht der Investoren), bei der Auftragslage, Schnelligkeit und Kurzfristigkeit dominieren. Oft verflacht dieses Leben als Projekt zur bloßen Betriebsamkeit. Wenn in der Förder-Republik immer nur die *‚Anschlussfähigkeit'*, die bezeichnenderweise ein Modewort wurde, im Blick ist, geht das Autonome verloren, und man etabliert nichts Eigenes. Die oberflächliche Anpassungsfähigkeit wird so prämiert, und das Interessante kommt vor dem Relevanten. Die Spaltung zwischen den verschiedenen Geschwindigkeiten wird immer tiefer.

Der Schnellere ist der Bessere, obwohl es nicht immer gut ist. Die ständigen Nachbesserungen sogenannter Reformen sind ein sprechendes Beispiel dafür. Dadurch hat sich der Begriff der Reform selber verändert, der nicht mehr mit einer Fortschrittsidee verknüpft ist. Fortschritt als Orientierungsproblem (seit Mitte der siebziger Jahre: ‚Grenzen des Wachstums') ist inzwischen in die Frage übergegangen, was überhaupt noch Fortschritt bedeutet: ‚Grünes Wachstum' oder gar ‚Postwachstum', Energiewende und mehr Bürgerbeteiligung? Die Fortschrittskrise wird begleitet von einem veränderlichen Umgang mit Veränderung, der durch das Primat des Wertens mitgeformt wird; sie macht eine Neusortierung der Werte unumgänglich. Dieses Werten bewahrt zwar die Werte, kann allerdings auch zu einer folgenlosen Inflationierung der Wertediskussion führen, denn vergessen wir nicht: Wert ist ursprünglich ein ökonomischer Begriff - Waren und Werte stehen in Konkurrenz!

Kriterien der Relevanz müssen deshalb ständig neu bekräftigt werden. Gerade hier gibt es indessen Gewinner und Verlierer. Wer nicht mikropolitisch auf der Hut ist, verliert sogar den Status quo. Der Komplexität und ihren Widersprüchen kann man nicht entgehen, wohl aber der künstlichen Überkomplexität und den Aufgeregtheiten einer medialen Zweitexistenz. Buchstäblich ins Freie ‚entgehen' sollte man indes: Beim Gehen kommen einem die besten Gedanken; man kann sich sammeln und, wenn auch nicht die ‚eigentliche Existenz', so doch wieder eine Position finden, die lebbar ist und sich behaupten lässt. Die Wahrnehmung der Situation beginnt heute wieder mit dieser Selbstwahrnehmung, da die Überlastung in der konkurrenzorientierten Leistungsgesellschaft internalisiert worden ist, bis hin zum 'erschöpften Selbst'. Mehr Bürgersouveränität kann daraus resultieren – für Sein und Zeit!

Das Toleranzedikt als Stadtgespräch bzw. die verschiedenen *Mit*glieder des gleichnamigen Vereins als Träger einer Idee und eines Projekts können hier als Brückenbauer, Vermittler und Übersetzer dienen. Dies wird umso wichtiger, je differenzierter und heterogener die Stadtgesellschaft wird. Dass Toleranz eine Konsequenz der Freiheit ist, kann jeder aus eigener Erfahrung noch nachvollziehen. Solidarität als Konsequenz der Toleranz ist indessen alles andere als ein Automatismus. Dafür sind weitere *Zwischenschritte* nötig wie Begegnungen, Wahrnehmung, Kenntnis, Empathie und Mitgefühl. *Solidarität* kann dabei immer wieder einen Ausgleich schaffen, nicht jedoch (buchstäbliche) *Gleichheit*, dafür aber Chancengerechtigkeit, was schwierig, aber nicht chancenlos ist, sofern Menschen als Akteure ihres eigenen Glücks mitkämpfen.

Toleranz und Solidarität sind *dünne Bande* in einer funktional differenzierten Gesellschaft, die zwischen Teil-Systemen (Wirtschaft, Wissenschaft, Medien u.a.) wie zwischen Lebenswelten hohe Schwellen der Indifferenz errichtet hat. Die Übernahme der Autopoiesis-Theorie aus der Biologie in die Sozialwissenschaft zur Beschreibung dieses Zustandes ist bezeichnend.[16] In der Systemtheorie steht der Begriff ‚Autopoiesis' für Selbstreferentialität, was heißt, dass ein System die Umwelt immer nach seinen systemimmanenten Rastern abtastet. Genau genommen gibt es somit weder eine Wechselwirkung zwischen den Teilsystemen noch zwischen den Systemen und der Umwelt. So gesehen, wären auch Toleranz und Solidarität bloß systemimmanente Funktionsmodi bestimmter Teilsysteme, die aber nicht auf andere Systeme übertragbar wären. Die lebenspraktische Wichtigkeit von To-

leranz und Solidarität ist jedoch gerade in einer funktional ausdifferenzierten Gesellschaft zu betonen. Toleranz und Solidarität haben die lebenspraktische Aufgabe, die Selbstreferentialität der Systeme und Medienwelt zu überwinden, wozu man allerdings den argumentativen Rahmen der Systemtheorie verlassen muss.

Weniger Indifferenz (obwohl von Seiten der Jugendlichen oft als ‚Toleranz' gewünscht) muss sich die Stadt Friedrich des Großen, der hier alles andere in den Schatten stellt, wie das Jahr 2012 wieder deutlich zeigte (sogar das Skelett seines Lieblingspferdes hat man ausgestellt), gegenüber der autonomen Jugendkultur und ihren Plätzen wie ‚Archiv' und ‚Freiland' leisten. Sie könnte es sich sogar bequem leisten. Es gibt in Potsdam nicht nur eine Kluft zwischen dem Norden und dem Süden, sondern auch eine zwischen Alt und Jung, die noch verstärkt wird durch eine Stadt, die von ‚musealer Geschichte' gleichsam überlagert ist. Auch diesbezüglich muss man von ‚Parallelwelten' sprechen. Junge Menschen andererseits brauchen autonome Spielräume, um sich entwickeln zu können. Dieses ‚Anderssein' haben sie – seit den 60er Jahren – meistens anarchisch in kleineren und größeren urbanen Revolten durchgesetzt, die zumindest kulturell (und weniger politisch) erfolgreich wurden, wovon heute alle – freilich wie immer: einige mehr als andere - profitieren.

Die Jugendkulturen wechseln allerdings schnell. Ebenso entfremden sich die Generationen schneller voneinander als früher, was allerdings auch wieder neue Solidaritätsformen (z. B. Mehrgenerationenhäuser) hervorruft. In dieser Situation einer überalterten Gesellschaft werden

möglicherweise Toleranzspielräume wieder geringer, und das Unverständnis zwischen Etablierten und Nicht-Etablierten größer, ohne dass wir, die wir älter werden, es merken. Die Generationen reden zu wenig miteinander – über alle Themen, insbesondere die Vergangenheit in der DDR. Diesen Dialog *zwischen* den Generationen, der Zeitgenossenschaft stiftet, kann keine Schule ersetzen, der ohnehin zu viel aufgebürdet wird.

In Potsdam gibt es seit 2002 auf Beschluss der Stadtverordnetenversammlung parteiübergreifend einen ‚Lokalen Aktions-

plan gegen Gewalt, Fremdenfeindlichkeit und Rechtsextremismus'. Sein vielseitig zusammengesetzter Beirat unter Leitung des Oberbürgermeisters lässt sich als Kriseninterventionsinstrument verstehen, welches schnell stadtweit reagieren kann.[17] Bei dieser Kommunalisierung des ‚Toleranten Brandenburg' handelt es sich um eine effektive Gesamtstrategie, welche verschiedene Akteure und Maßnahmen umfasst. Das neue Toleranzedikt gehört als zivilgesellschaftlicher Arm dazu und wird vom Oberbürgermeister als direkt gewähltem Repräsentant der Stadt nicht nur mitgetragen, sondern unter dem Motto ‚*Potsdam bekennt Farbe*' an die Spitze der urbanen Agenda gesetzt. Nur so erhält es Gewicht und wird mit Praxis unterfüttert. Darauf muss man weiterhin bestehen, wenn die schönen Worte Biss behalten sollen und nicht bloß dem Marketing dienen. Das Toleranzedikt als Stadtgespräch wird so *ein Element* im Prozess der Aufklärung in der aktuellen Stadtgesellschaft, es ist nicht bloß eine historische Nacherzählung.

Es macht Sinn, die vielfältigen Aktivitäten bekannter zu machen und in einen Zusammenhang zu stellen, der Orientierung ermöglicht: Das *Pro* der Arbeit für Toleranz und Demokratie soll auf diese Weise dem *Contra*, dem Nicht-Tolerierbaren, den Boden entziehen. Dies ist nicht nur notwendig, es ist *mehr als notwendig*. Die wieder erwachte Stadtgesellschaft braucht nämlich die Toleranz wie die Luft zum Atmen. Diese Luft wird ohnehin dünner, da Sicherheit und Verrechtlichung zu den Tendenzen der organisierten Moderne gehören. *Sicherheit als Wert*, die eine Bedingung der Freiheit ist, übertrumpft dann sogar die Freiheit als zentralen Wert und damit auch die Toleranz, die von den Menschen *selber* und untereinander mehr abfordert als *organisierte* Sicherheit bzw. Überwachung.

Wertekonflikte selbst im Grundrechte-Bereich, wie die Diskussion mit deutlich ignoranten und intoleranten Stimmen über religiöse Beschneidungen, die für den jüdischen Glauben den Eintritt in den Bund mit Gott bedeuten, gezeigt hat, sind deshalb in einer modernen *liberalen* Gesellschaft unumgänglich. Auch die Fixpunkte von Verfassungen, die einen Vorrang haben, sind interpretationsbedürftig und müssen gegeneinander abgewogen werden (in diesem Fall die Religionsfreiheit, die körperliche Unversehrtheit und das Fürsorgerecht der Eltern). Die *eigene Urteilskraft* bleibt also gefordert – selbst bei einer Hierarchie von Werten und Regelsystemen. Sie ist *weder ersetzbar noch kompensierbar*. Diese Bürgersouveränität gilt auch bei der Beurteilung von Widerständen im demokratischen Rechtsstaat.

Es ist eine vornehmliche Aufgabe der politischen Theorie in moralischer Zeitgenossenschaft zu *dieser* Unterscheidungskraft beizutragen. Neben der genauen Wahrnehmung von konkreten Situationen ist hierfür die Begriffs- und Ideengeschichte ein notwendiges Mittel, das der Begriffsschärfung und Bildung dient. Begriffe, Erfahrungen und Selbständigkeit brauchen wir zum Denken, das wir uns nicht abgewöhnen sollten.

Potsdam ist in den letzten Jahren tatsächlich weltoffener und toleranter geworden, was in den 90er Jahren viele nicht so empfunden haben. Dennoch oder gerade deswegen braucht es – als Ausdruck dessen und nicht nur anlassbezogen – ein *neues* Toleranzedikt, denn die Herausforderungen werden in den nächsten Jahren absehbar nicht geringer werden. Denken wir nur an die steigende Zahl von Flüchtlingen, die wachsenden Unterbringungsprobleme und den angespannten Wohnungsmarkt. Dieser Weg in eine unbekannte und unsichere Zukunft braucht einige krisenfeste Rationen, die zu sammeln und ins Bewusstsein zu heben sind. Bei diesen *Rationen* kann man von *Haltungen* als schwankenden Brücken und einem entsprechend balancierten *Verhalten* sprechen, das unten sozial und oben liberal ist.

IV. Organisierter Dialog

Ende Januar 2008 startete der Gesprächsprozess zur Neuauflage des Potsdamer Toleranzedikts in bewusster Erinnerung an das Edikt von 1685. In acht Monaten wurde versucht, möglichst Viele zu erreichen. Das heißt vor allem: verschiedene Menschen aus unterschiedlichen Stadtteilen und gesellschaftlichen Bereichen. Es ging nicht um die absolute Zahl. Die Möglichkeiten, sich zu beteiligen, waren vielfältig. Insgesamt ging es darum, das Toleranzedikt zu einem Stadtgespräch zu machen. Die Initiatoren haben deshalb einerseits versucht, Dialoge und Gespräche anzuregen, andererseits sind ebenso Themen und Dialoge aus eigenem Antrieb heraus entstanden. Das Stadtgespräch war in Form eines *offenen* Prozesses angelegt, in dem weder die Themen noch die Ergebnisse vorherbestimmt wurden. Es wurden 2008 lediglich einige Thesen als Anregung unter die Leute gebracht.

Diese Thesen lauteten:

- „Nur demokratisch, tolerant und aufgeklärt kann heute noch auf die großen zivilisatorischen Probleme in sozialer und ökologischer Hinsicht reagiert werden."

- „Weltoffenheit und Toleranz bedingen sich: Die Entwicklung der eigenen Urteilskraft im Gespräch mit anderen ist die Grundlage einer lernfähigen Demokratie. Niemand wird als Demokrat geboren."

- „Liberaler Schein ist noch keine liberale Wirklichkeit. In vielen Debatten fehlt es an Toleranz."

- „Die Stadtbürgerschaft ist eine Einwohnerbürgerschaft, die Kinder und Jugendliche ebenso umfasst wie alle Ausländer."

- „Grundlage urbaner Toleranz ist die Verteidigung der Stadt gegenüber den Feinden der Demokratie."

- „So wie die Toleranz eine Konsequenz der Freiheit ist, ist die Solidarität eine Konsequenz der Toleranz."

- „Der Freiheit und Toleranz erwachsen heute in verschiedener Hinsicht – ökonomisch, sozial und kulturell – neue Aufgaben, die nicht geringer, sondern größer werden."

- „Potsdam ist reich an Möglichkeiten, die zu mehr Toleranz und Solidarität geradezu verpflichten. Wir können heute zugleich freier und reicher, solidarischer und toleranter sein."

- „Eine neue Bürgerschaft fällt nicht vom Wertehimmel, sie bildet sich in Konflikt und Kooperation, Wahrnehmung und Neugierde, Unverständnis und Gespräch."

- „Statt zu stören, ist gelebte Vielfalt ein Grund, stolz auf die eigene Stadt zu sein."

Ein Gespräch ist mehr als ein Informationsaustausch, es ist auch nicht zwangsläufig ein Dialog. Beim Dialog geht man aufeinander ein und klärt Positionen; im ‚Dia' des Dialogs tut sich immer ein Spalt auf. Das Stadtgespräch trägt demgegenüber *ein* wesentliches Ziel in sich, dass man nämlich gesprächs*fähig* bleibt, auch wenn man einander *fremd* ist oder wenn härtere Konflikte auftreten. Gespräche halten so das Pendel zwischen notwendiger Festlegung und berechtigten Fragen in Schwingung.

Solche Gespräche dienen nicht dem Überspielen von Differenzen und Dissens, obwohl es auch das gibt. Der Wille zum Verstehen, zur Klärung von Positionen und zur Verständigung ist bei allen Macht-, Abstimmungs- und Wahlkämpfen, die oft harte Bandagen erfordern, *kein Wille zur Macht*. Die philosophische Hermeneutik ist aber auch keine Methodenlehre, die den richtigen Weg weist.[18] Der moderne Methodenbegriff (der ‚science', auch der ‚political science') reduziert das umfassende humanistische Verständnis von ‚Methode' (griechisch: ‚den Weg entlang') auf die Vorstellung, bei der Methode handle es sich bloß um ein Werkzeug oder ein Verfahren. Dies entspricht der Vorstellungswelt der instrumentellen Vernunft, die uns heutzutage trotz aller Fortschritte, die wir ihr verdanken, mehr denn je Probleme bereitet.

Die hermeneutisch-kommunikative Vernunft ist dagegen Ausdruck einer *praktischen* Philosophie, die zur Toleranz der Demokratie passt. Ihre oft pastoralen, paternalistischen und bildungsbürgerlichen Züge werden von *mündigen Bürgern*, die sich das *Fragen* nicht nehmen lassen und die *Wahrheit zutrauen*, ohne zu vergessen, wie viel sie anderen verdanken, relativiert. Dies ist treffend die „*Urbanisierung* der Heideggerschen Provinz" (Habermas) genannt worden. Die Sprache als 'Haus des Seins' wird in einer lebendigen Demokratie zum (ebenso diskursiven wie polemischen) Stadtgespräch. Heine sagte über Lessing, dass sein ganzes Leben Polemik

gewesen sei. Auf die Art und die Inhalte des Streits kommt es an.

Hermeneutik zielt nicht auf das Ganze im Sinne totalitätsbezogener Theorie oder eines bestimmten theoretischen Ansatzes, der sich selbst missversteht. Im Gegenzug dazu können potentiell alle etwas einbringen – und vor allem: etwas lernen. Ein gutes Stadtgespräch schafft sich selber sein milieuübergreifendes Milieu. Danach besteht eine Nachfrage, man könnte auch sagen: ein Erkenntnisinteresse, denn gerade *Fragen des guten Leben in der Stadt* sollten wir nicht privatisieren. Das klassische Milieu der Hermeneutik in Gestalt der humanistischen Bildung mit den alten Sprachen und dem Klassikerkanon als Herzstück, welches ein solches Gespräch tragen könnte, gibt es nicht mehr. Hoffnungen, die sich darauf richten, sind nicht nur antiquiert, sie sind auch elitär und antidemokratisch.

Wichtiger ist die Aufmerksamkeit, darauf zu *hören*, was andere zu sagen haben. Dieses sokratische *Zuhören-Können* gehört fundamental zur Demokratie: Hier fängt sie an, wenngleich sie hier nicht aufhört. „Politiker rechnen so sehr mit der Stimme des Wählers, dass sie nicht dazu kommen, sie zu hören" (Werner Schneyder). Diese durchaus politische Hermeneutik ist tolerant im Sinne von moderat. Intransigenz, die wir beim philosophischen und (als Folge davon) politischen *Extremismus* finden, ist ihr fremd. Sie sucht den Frieden mit einer lebbaren Alltäglichkeit und nicht die Romantik des Ausnahmezustandes. Im Potsdamer Stadtraum, wo die demokratische Revolution relativ früh und vielfältig begann, bildete sich schon im Herbst 1989 ein "vorsichtiger Toleranzstil in der politischen Kommunikation" heraus, was letztlich zur Friedlichkeit des großen Umbruchs beitrug (so der Historiker Peter Ulrich Weiß in 'Potsdamer Neueste Nachrichten', 4.9.2013).

Diese praktische Philosophie, die nicht primär mit dem Feind-Freund-Schema arbeitet, kommt von Aristoteles her, der geradezu vorbildlich für heute, empirisch so gut wie möglich informiert, das *Maß* der *Mitte* im *ethisch-politischen* Sinne sucht. Damit ist auch gesagt, dass es Verbindungen gibt zwischen Politik und Kultur. Gewalt dagegen bleibt stumm[19], und die Entstehung von Hass, der ihr oft vorausgeht, gilt es mit allen Mitteln zu verhindern. Gewalttäter können keine Gesprächspartner mehr sein. Von Vorurteilen getriebene Menschen sind dagegen kommunikativ erreichbar. Es wäre kontraproduktiv, sie zu dämonisieren, denn es gibt immer Wege zurück. Zur christlichen Feindesliebe gehört die Möglichkeit der Umkehr hinzu, dafür muss man allerdings einiges tun.

Gespräche können Spannungen und Widersprüchen auf die Spur kommen. Nichtverstehen schließen sie ein, obwohl jeder Mensch verstanden werden möchte. Aufklärung und Toleranz gehen nicht auseinander, sie bilden aber nicht immer ein harmonisches Gespann. Eine Aufklärung jedoch, die glaubt, alle Prägungen, Bindungen und Traditionen auflösen zu müssen (und zu können), wird bodenlos und intolerant. Die Geschichte kennt liberale und totalitäre Aufklärung. Deshalb ist auch Aufklärung über Aufklärung nötig.

Lebendigen Traditionen, die unsere kontingente Identität formen, tut andererseits ein Abstand gut, der von der Gegenwart unserer kurzen Lebenszeit herkommt – ein *Eigengewicht* der Präsenz *trotz* der Latenz von Vergangenheit und Zukunft. Unsere *Freiheit des Verstehens* bringt Traditionen, in denen wir oft unbewusst stehen, immer wieder anders zur Geltung. Dies ist nicht bloß ein „funktionalistischer Traditionalismus" (Spaemann), sondern hat mit der zeitlichen Dimension der Identität von Personen zu tun. In Gesprächen, „denn keiner trägt das Leben allein" (Hölderlin), werden verschiedene (Lebens- und Denk-) Wege sichtbar und gangbar. Sie lösen noch keine Probleme, aber sie erörtern sie immerhin. Aufrichtige Gespräche, von denen die meisten Menschen eine Ahnung haben, sind ergebnisoffen und sorgen für eine entlastete Situation, wenngleich sie nicht immer einfach sind und oft ins Leere laufen. Harmonistisch ist das nicht, vielmehr voller Dissonanzen. Toleranz entbindet nicht von der Wahrheitsfrage, obwohl sie diese in der Schwebe oder durch Mehrheiten entscheiden lassen kann (Toleranz der Demokratie). Die 'Tugenden der Wahrheit' sind Genauigkeit und Wahrhaftigkeit. Die Wahrheit hat es doppelt schwer. [20]

Kants Maxime „Habe Mut, dich deines eigenen Verstandes zu bedienen!" und die lebenspraktische Bedeutung von Traditionen schließen sich nicht aus. Personen, die frei sind im Sinne der Vereinbarkeit von Determination und Willensfreiheit, können selber einen Anfang setzen ('Initiative' kommt von 'initium', lateinisch für Anfang, Ursprung, Beginn). Personen sind dabei *unersetzbar*: Sie sind es, die Autonomie und Autorität vermitteln und es verstehen, in dieser Rolle auch öffentlich wirksam zu werden. Oder anders gesagt: Sie schaffen die liberale Moderne selber, in der sie leben wollen.

Bestandteile unseres *Stadtgesprächs* waren Postkarten und Plakate, Diskussionstafeln, öffentliche und interne Diskussionsrunden sowie die Diskussion im Internet. Im Februar und März waren erstmals Postkarten und Plakate im Stadtbild zu sehen. Dafür sind einige prägnante Sätze aus dem Diskussionstext ‚Für eine offene und tolerante Stadt der Bürgerschaft' ausgewählt worden. Jeden Monat sollte ein anderer Satz zur Auseinandersetzung einladen. Die Plakate mit monatlich wechselnden Motiven wurden seit März 2008 an 109 Litfaßsäulen im gesamten Stadtgebiet angebracht. Die Postkarten wurden unter anderem in den Bussen und Bahnen der Verkehrsbetriebe, in den MAZ-Ticketerias, den PNN-Shops im Karstadtkaufhaus, in Flyer-Displays, in Restaurants und Kultureinrichtungen, im Bürgerservice im Stadthaus, in den Schulen und Hochschulen sowie weiteren 50 Stellen ausgelegt. Zentraler Bestandteil für Information und Diskussion war die Internetseite, unter der Adresse www.potsdamer-toleranzedikt.de, die für jeden abrufbar war und ist. Rund 70.000 Seitenzugriffe wurden bis Mitte September 2008 gezählt, darunter Zugriffe aus der ganzen Welt, auch aus dem Iran. In einem Internetforum konnte man sich direkt an der Diskussion beteiligen. Die Themen dieser Diskussion sind im Kapitel ‚Auswertung' im neuen Toleranzedikt zu finden.

Weiterhin waren 66 große Stellwände an 60 Standorten von Mai bis Mitte August 2008 überall in der Stadt zu sehen. Auf diesen Diskussionstafeln, die den Gesprächsprozess in der Stadt wohl am deutlichsten präsentierten, wurde dazu eingeladen, miteinander über Weltoffenheit und Toleranz ins Gespräch zu kommen. Jede und Jeder konnte seine Meinung mit Stiften, Zetteln oder Zeichnungen hinterlassen, andere Beiträge kommentieren

oder neue Diskussionen entfachen. Dieses Experiment hat eine erstaunliche Vielfalt der Themen und Meinungen in der Stadt offenbart. Die Ergebnisse sind ebenfalls im Kapitel ‚Auswertung' dokumentiert.

Die Diskussionstafeln standen unter anderem in den Bahnhofspassagen, im Begegnungshaus Groß Glienicke, in der Biosphäre Potsdam, in der Brandenburger Straße, in der Karl-Liebknecht-Straße, im Bürgerhaus am Schlaatz und im Bürgerhaus ‚Sternzeichen' am Stern, an den zwei Standorten der Fachhochschule, den drei Standorten der Universität, in der Hochschule für Film- und Fernsehen, im Hans-Otto-Theater, bei ‚Oracle' in der Firma an der Schiffbauergasse, im Marktcenter, im Havelnuthe-Center in Drewitz, im Maltesertreffpunkt Freizeit, in der Stadt- und Landesbibliothek sowie im Thalia-Kino in Babelsberg. Ich zähle bewusst diese Orte noch einmal auf, weil es zur Idee des Stadtgesprächs gehört, die *Orte* und *Menschen* der Stadt aufzusuchen. Das verlangt eine Anstrengung, die man nicht delegieren kann. Öffentliche Räume allein bilden noch keine aufklärende Öffentlichkeit, die aus vielerlei Aktivitäten besteht – ‚vita activa' (nicht ‚hyperactiva') im Unterschied zur ‚vita contemplativa'. Inhalte, Gedanken, Präsenz und Begegnung kommen hinzu. Das Web 2.0, welches interaktiv geworden ist, ist dafür zwar hilfreich, aber kein Ersatz. Die physischen Netze sorgen letztlich für Orientierung und Eigenständigkeit.

Politische Aufklärung muss heute in die Stadt hineingehen, um sich selbst aufzuklären. Sie wird so zu einer Aufklärung mit Wirklichkeitssinn, den es ohne die Widerstände der Realität nicht gibt. Vielen wird so Gehör verschafft. Stadtgespräche und Bürgerbeteiligung, die keine folgenlose

Bürgerbeschäftigung ist, sind problemorientierte Prozesse, die zu Resultaten führen sollen, die jedoch keine Gottesurteile sind, selbst nach Volksabstimmungen nicht. Auch der Kampf gegen Rechtsextremismus ist noch nicht automatisch ein Gewinn an Demokratie. Er ist höchstens eine Abwehr von Extremen, die in einer Krisensituation allerdings schnell weit um sich greifen können. In sogenannten Normalphasen werden sie als randständig meist unterschätzt.

V. Fixpunkte

Inzwischen sind mehr als 17.000 Exemplare des neuen Toleranzedikts verteilt. Da und dort hat das Stadtgespräch Fuß gefasst, Resonanz bekommen und neue Kontakte entstehen lassen. Es ist inzwischen mehr als ein organisierter Dialog. Personen mit unterschiedlichen Berufen und Herkünften, die sich 2008 kennengelernt haben, wollen diesen Schatz nicht verspielen und mit dem Verein ,Neues Potsdamer Toleranzedikt – gemeinsam für eine weltoffene Stadt' das Stadtgespräch weiterführen. Der Verein ist am 29. Oktober 2009 in der 1753 erbauten Französischen Kirche, welche die alte Tradition der Einwanderung, Integration und Toleranz mit neuen Herausforderungen verknüpft, gegründet worden. Die Französisch-Reformierte Gemeinde ist *ein* Pfeiler des Neuen Toleranzedikts. Die Flüchtlingsgemeinde ist eine offene Kirche, die sich in der Hospizarbeit, im Kirchenasyl und mit ihrem Eine-Welt-Laden im Holländischen Viertel engagiert.

Für eine Stadt wie Potsdam, die ständig wächst und sich neu mischt, bleibt eine zivile Tugend wie die Toleranz lebenswichtig. Im Toleranzedikt haben wir Toleranz als Geduld, Offenheit und Zivilisierung von Differenzen definiert. *Definitionen* sind zweckmäßig oder nicht, sie können nicht wahr oder falsch sein. Die vorliegende Definition ist als Auswertung *nach* dem Stadtgespräch entstanden. Sie erscheint uns zweckmäßig, obwohl das Spektrum der Bedeutungen von Toleranz noch breiter und nuancierter ist, wenn man der sprachphilosophischen Hermeneutik von Wittgenstein folgt, die mit Lebensformen verknüpft ist. Eine solche Philosophie, welche „die verächtliche Haltung gegen-

über dem Einzelfall" aufgibt[21], mithin eine Philosophie des Beispiels pflegt, ermöglicht die Diskussion mit der Bevölkerung, die eigene Erfahrungen mit Toleranz und Intoleranz macht und diese Bedeutungen ins Stadtgespräch einbringt. Daraus wiederum können breite Bündnisse entstehen, die zugleich in die Tiefe gehen und so möglicherweise eine gewisse Nachhaltigkeit, wie man heute modisch sagt, erreichen.

Vor dem Stadtgespräch hätte der Autor die stoische *Geduld* (,tolerantia') noch nicht in die Definition von Toleranz aufgenommen. Dagegen ist die Forderung nach *Zivilisierung der Differenzen* schon sehr modern und entspricht einem verständlichen Bedürfnis Vieler. Sie muss deshalb auch als Messlatte für politische *Auseinandersetzungsformen* dienen, die durch zahlreiche Anschläge auf Partei- und Bürgerbüros, Jugendtreffs und Asylbewerberheime wieder unheimlich werden.

Es ist beunruhigend, wenn politische Gegner Privatwohnungen aufsuchen (durch Schmierereien, Lärmdemos u.a.). Solche Auseinandersetzungsformen, eine moralisierende Mega-Öffentlichkeit, die den mittelalterlichen Pranger neu erfindet, sowie ein Zeitinvestment in zu lange und zu viele Sitzungen, das schon auf lokaler Ebene übermäßig ist[22], hindern viele Leute – wie man sagt – „in *die Politik* zu gehen", die mitunter ohnehin ein harter Betrieb ist. Dies höhlt zum einen die parteienstaatliche Demokratie *von innen* aus, zum anderen werden immer mehr Menschen *auf andere Weise politisch*, was auch eine Suche nach neuen Formen und Inhalten der Teilhabe ist.

Die *Fixpunkte* des neuen Toleranzedikts bedeuten:

- die Toleranzdiskussion in der vielfältigen Stadtgesellschaft Potsdams zu verankern;

- eine selbstbewusste Bürgerschaft im Hier und Jetzt zu entwickeln, in deren Zentrum die größtmögliche Freiheit aller steht;

- bestehende Projekte, Gruppen, Vereine, Aktivitäten und Ideen zu fördern, die zu einer offenen und toleranten Stadt der Bürgerschaft beitragen;

- eigene Projekte zur Verknüpfung des Potsdamer Toleranzedikts mit dem Integrationskonzept der Landeshauptstadt Potsdam und der Unternehmensinitiative ‚Charta der Vielfalt' zu entwickeln;

- die Möglichkeiten der Toleranz auszuschöpfen, und das Nicht-Tolerierbare klar zu benennen;

- die Verbindung von Toleranz und Solidarität zu festigen;

- den Konsens der Demokraten gegen Gewalt, Fremdenfeindlichkeit und politischen Extremismus zu stärken;

- sowie das Erbe von Aufklärung, Einwanderung und Toleranz sicht- und lehrbar zu halten.

Der Migrantenbeirat der Landeshauptstadt, der 1992 als Ausländerbeirat gegründet worden ist, hat das neue Toleranzedikt zur Grundlage seiner Arbeit genommen: „Die Stadt hat sich nach breiter Diskussion ein neues Toleranzedikt gegeben, das den Toleranzgedanken weiterführt und Wege zu einem solidarischen Miteinander eröffnet".[23] In diesem Sinne hat der Migrantenbeirat zum Beispiel Stellung bezogen zum Konflikt um den Wiederaufbau der Potsdamer Synagoge, die in der Pogromnacht vom 9. zum 10. November 1938 geplündert und zerstört worden war. Der Migrantenbeirat war einer der Initiatoren des Bauvereins für die neue Synagoge. Diese sollte schon längst an der Schloßstraße in Potsdams Mitte stehen. Die Stadt hatte es groß und für alle unübersehbar plakatiert: "Potsdam baut eine neue Synagoge".

Inzwischen ist es zu einem Streit zwischen Menschen jüdischen Glaubens über die ‚richtige' Synagoge gekommen, was das Projekt nicht nur verzögert, sondern auch gefährdet. Nun macht das Land Druck, indem die Finanzierung nur noch bis Ende 2014 zugesichert wird. Brandenburg, das nicht wie ein ‚sparring partner' vor sich hergetrieben werden kann, hat bereits eine Million Euro in die Planungen investiert. Der (Nicht-)Dialog ist mittlerweile so verfahren, dass der Synagogen-Förderverein nun die Entlassung des Sieger-Architekten Jost Haberland verlangt, obwohl dieser Kompromisse eingegangen ist.

Es liegt nun in der Hand der drei großen Gemeinden – Jüdische Gemeinde, Synagogengemeinde, Gesetzestreue Jüdische Gemeinde – sich zu einigen, damit die hässliche Brache inmitten der Stadt verschwindet (das große Ankündigungsplakat ist schon lange weg).

Das Toleranzedikt enthält Fixpunke (Grundsätze) und Anknüpfungspunkte (Selbstverpflichtungen). Solange daran angeknüpft wird, lebt es. 'Fundamentalistisch' sind unsere selbst erarbeiteten Grundlagen und Fixpunkte nicht, da die Freiheit der Interpretation vorausgesetzt wird. Die Interpretationsfreiheit (als Bürgerreligionsfreiheit in Analogie zur Religionsfreiheit) erlaubt unterschiedliche Fortsetzungen und Akzentuierungen. Interpretationen sind selbst schon Anwendungen (Gadamer).

Das *Gedenkkonzept* der Landeshauptstadt Potsdam 2013 knüpft zum Beispiel daran an und eröffnet vielfältige neue Anwendungen: "Das Neue Potsdamer Toleranzedikt hat den Toleranzgedanken ins 21. Jahrhundert übersetzt und will das Erbe von Aufklärung, Einwanderung und Toleranz sichtbar und lehrbar halten sowie den Konsens der Demokraten gegen Gewalt, Fremdenfeindlichkeit und politischen Extremismus stärken. Daran knüpft das Gedenkkonzept der Landeshauptstadt an: Toleranz schließt Konflikte mit ein und bedeutet für uns, dass Konflikte zivil ausgetragen werden."

Im Potsdam-Museum gibt es inzwischen eine aufschlussreiche Dauerausstellung über die Stadtgeschichte. Eine Abteilung trägt den Titel 'Kommen und Bleiben' über Potsdams Einwanderer: "An einer Multimediaeinheit, die zugleich Informationen über die Wirtschaft im Potsdam des 18. Jahrhunderts enthält, lassen sich Informationen über Herkunft und die Wege der vielzähligen Immigrantengruppen abrufen. Eine große Wandgrafik gibt mit vielen Fensterklappen Auskunft über Zuwanderergruppen von den Schweizern, Böhmen und Belgiern bis hin zu den Mosambikanern und Vietnamesen, die in den 1980er Jahren als Vertragsarbeiter in die DDr kamen. Hinter einer Klappe verbergen sich

Informationen über das 'Neue Potsdamer Toleranzedikt', über das 2008 in einer breiten gesellschaftlichen Debatte an die positiven Traditionen des kurfürstlichen Edikts von Potsdam angeknüpft werden sollte." [24]

Der Verein 'Neues Potsdamer Toleranzedikt', der 2009 gegründet worden ist, wird Sorge dafür tragen, dass das *Toleranzedikt als Stadtgespräch* fortgeführt wird und nicht bloß eine Event von 2008 bleibt. Er versteht sich als intermediärer (Meta-)Verein, der *zwischen* den vielen Vereinen, die es schon gibt, den verschiedenen Stadtteilen und gesellschaftlichen Bereichen agiert. Es ist wichtig, dass sich 'Multiplikatoren' aus unterschiedlichen Lebenswelten kennenlernen, austauschen und gegebenenfalls unterstützen, was die städtische Zivilgesellschaft insgesamt in ihrer Heterogenität nur stärken wird.

VI. Erinnerungsstadt mit giftigen Erbschaften

Am 6. März 2011 lud der Verein ‚Neues Potsdamer Toleranzedikt' zu einer Diskussionsveranstaltung „Warum gibt es Streit um die neue Potsdamer Synagoge?" in die Französische Kirche ein. Er erinnerte an ein Motto aus der Präambel: „Toleranz bedeutet Offenheit. Toleranz bedeutet auch, aber nicht nur Geduld. Sie wird aktiv, wenn Menschen aufeinander zugehen und miteinander ins Gespräch kommen. Es ist wichtig, dass wir ohne Angst unsere Erfahrungen ausdrücken und austauschen können. Das geduldige Zuhören wollen wir ebenso einüben wie das Debattieren. Jeder hat das Recht, seine eigene Geschichte zu erzählen." Der letzte Satz hat für die *Erinnerungsstadt Potsdam* mit ihren giftigen Erbschaften besondere Relevanz, da die Vergangenheit vielerorts noch nicht vergangen ist. Dies zeigen die erinnerungspolitischen Debatten.

„Das Gras, das über die Ereignisse des 20. Jahrhunderts gewachsen ist, ist noch von sehr spärlicher Natur. Das bewiesen zwei äußerst emotional geführte erinnerungspolitische Debatten am Mittwochabend im Stadtparlament. Im Ergebnis wurde die von den Bündnisgrünen beantragte Umbenennung der Helmut-Just-Straße in Groß Glienicke abgelehnt. Auch die von der Fraktion ‚Die Andere' begehrte Streichung von Reichspräsident Paul von Hindenburg (1847 bis 1934) von der Potsdamer Ehrenbürgerliste geschieht nicht – weil es eine solche Liste nicht gibt. Stattdessen distanzierte sich die Stadtverordnetenversammlung mit großer Mehrheit von Hindenburg."[25] Die Sitzung dauerte (einmal mehr) sieben Stunden.

Am erbittertsten wird um den Wiederaufbau der Garnisonkirche[26] – Kritiker sprechen vom *„Toleranzdelikt"*, indem sie das Thema auf den ‚Tag von Potsdam' am 21. März 1933[27] reduzieren – und die Ausstellung im ehemaligen KGB-Gefängnis an der Leistikow-Straße, von wo der Weg in das Lager Workuta begann, gestritten. Im letzten Fall ist die persönliche Integrität der verantwortlichen Ausstellungsleiterin, einer ostdeutschen Historikerin, in einer Weise angegriffen worden, die *nicht*

akzeptabel ist, was immer die Argumente für und gegen die Ausstellung sind.[28]

Dagegen hätte der Unternehmer und Mäzen Hasso Plattner in der Debatte um den Abriss des DDR-Hotelhochhauses und sein Kunsthallen-Projekt in der historischen Mitte „mehr aushalten müssen" (so der Oberbürgermeister). Das gehört zum unterschätzten Komplex ‚Toleranz der Demokratie', in der viele mitreden und *ihre* Stadt unterschiedlich sehen und aneignen (ganz im Unterschied zu SED-Zeiten). Dies ist auch der Grund, weshalb das Thema ‚Bürgerbeteiligung' emotional so hoch besetzt ist. Immerhin hat die Stadt mit dem Bürgerhaushalt und der Befragung zum Bäderstandort erste Schritte getan. Weitere sollen mit dem Bürgerbeteiligungsbüro und dem Beteiligungsrat folgen. Die Bürgerschaft benötigt einen Werkzeugkasten der Demokratie.

In Potsdam verläuft die erinnerungspolitische Auseinandersetzung besonders heftig: „Wir sehen einen so stummen wie *verbissenen Zweikampf*, den die restaurierten Zeugen der preußischen Vorvergangenheit mit den verfallenden Relikten des gebauten Sozialismus austragen. Nirgendwo ist das Ringen um die stadthistorische Deutungshoheit augenfälliger als hier vor unseren Augen in der zur Stadtbrache gewordenen Stadtmitte, die bis 1960 das Stadtschloss ausfüllte."[29] Potsdam trug bis zu dieser Zeit in der Mitte des 20. Jahrhunderts ein *Doppelgesicht*, zu dem ebenso ein besonderer Geist der Toleranz (das Edikt von 1685 wurde im Stadtschloss erlassen, weshalb ein großzügiger Spender ‚Toleranzglocken' für das Fortuna-Portal schenken wollte) wie die großen Militärkasernen mit ihren Exerzierplätzen gehörten – „Stadt der Selbstzucht und der Lebensverliebtheit."[30] Letzteres gilt wohl nur für die Philosophie von Sanssouci, die weder preußisch noch protestantisch ist.

Potsdam war ohne Frage ein Ort der nationalen Revolution, die sich legal und im Stechschritt vor aller Augen vollzog. Am sogenannten ‚Tag von Potsdam' waren die Straßen verstopft. Womit wir wieder beim mächtigen Symbol der Garnisonkirche sind, welche die Trophäen und Fahnen der preußisch-deutschen Kriege beherbergte. Diese Traditionen wurden gepflegt. Sie stehen dem Paradigmawechsel der heutigen Erinnerungskultur von „heroisch" zu „viktimistisch" entgegen.[31]

Viktimistisch heißt: den Opfern ist zu gedenken, denn Opfer sollen vermindert und nicht Helden vermehrt werden. Die dominante Opferperspektive wirkt sich im Stadtbild aus: Es steht „unserem Denken *nach 1989* nicht als stolze Vaterstadt, als der Zeit oder den Feinden trutzende Civitas vor Augen, sondern als wehrloses und geschundenes Gebilde, das behutsamen Umgang benötigt."[32] Die behutsame Stadterneuerung kennt man auch aus Westberlin vor 1989; der vor kurzem verstorbene Architekt Hardt-Walther Hämer stand dafür. Kann man aber eine Stadt, die ständig neu gebaut wird (oder heute auch schrumpft) unter *Denkmalschutz* stellen?

In Potsdam geht es um nicht weniger als das „barocke Gesamtkunstwerk". Wer hier A sagt, muss auch B sagen: Wenn man das Stadtschloss wieder aufbaut, müssen Fachhochschule und Mercure-Hotel abgerissen werden, muss der Palast Barbarini und die Garnisonkirche wieder aufgebaut werden usw. Die alte Mitte ist entstellt (keine Frage) und soll wieder geheilt werden. Aber wie?

Purismus jeder Art ist dem Toleranzdenken zuwider, wenngleich der Historismus kompensatorisch zur dynamischen Moderne gehört. Die sogenannte ,Rekonstruktion' steht daher nicht nur unter Architekten zur Debatte.[33] Die historische Wiedergutmachung ist in Potsdam dominant: die Vergangenheit schreckt ab und zieht zugleich in besonderer Weise an. Berechtigte Behutsamkeit (Rücksicht!) sollte jedoch nicht mit dem Behüten von Kindern verwechselt werden. Daraus erwächst keine selbstbewusste Bürgerschaft, die keine Angst davor hat, die Stadt zu gestalten.

Vielleicht schwingt auch Mutlosigkeit, ja sogar die Angst vor der Moderne mit, die doch mit der Uni-Bibliothek in Cottbus *das* Erkennungszeichen für das *neue* Brandenburg gesetzt hat! Originelle Kombinationen von alt und neu sollten unter erwachsenen Leuten möglich bleiben. Ein gelungenes Beispiel (auch für die politische Bildung, nicht nur als Schulfach), das zudem massenhaft besucht wird, ist das Olympiastadion in Berlin. Es begrüßt bei Hertha-Spielen Brandenburger ebenso wie Berliner. Sein für alle sichtbares Motto lautet: „Für Toleranz und gegen Rassismus", das in der Fan-Arbeit praktiziert wird.

VII. Ein Lenin ist nicht zu viel

Die Lenin-Statue an der Hegel-Allee 25 im Vorgarten des ehemaligen ‚Hauses der sowjetischen Offiziere' gab ebenfalls immer mal wieder Anlass zu heftigem Streit – ein Streit, der typisch und nicht überraschend ist für die Zeit nach 1989 in Ostdeutschland, wenn es um Umbenennungen von Straßen, Plätzen, Häusern usw. geht. Inzwischen wird dort eine exklusive ‚Villa Hegel' mit Eigentumswohnungen (am Schlosspark!) gebaut. Die Chance, einen *besonderen Ort* zu schaffen, ist verspielt.

Welche Geschichte soll wie erinnert werden? Das ist auch eine politische Frage und ebenso eine Toleranzfrage, verbunden mit oft schwierigen Wahrheitsfragen. Doch was ist Wahrheit? Wenn man sich der Wahrheit nur annähern kann, braucht es Zeit und unterschiedliche Blickwinkel. Wahrheit hat einen Zeitindex. Im öffentlichen Umgang mit historischen Erfahrungen kommen Überlegungen hinzu, wie man klug mit ihnen umgeht, wenn man *Konsequenzen* aus der Geschichte ziehen will.

Wenn man Kirgisen, die besonders darunter litten, dass man aus ihnen (neue) ‚Sowjet-Menschen' machen wollte, fragt, warum in ihrem Land immer noch so viele Lenin-Denkmäler stehen, erklären sie einem: *das ist unsere Geschichte*. Niemand ist frei von der Geschichte. Zur Geschichte Potsdams gehört, dass diese Stadt als Folge des 2. Weltkrieges, der auf Brandenburger Boden – noch heute begräbt man die Toten – nach Deutschland zurückgekehrt war, auch eine russische Stadt ist. Und zwar nicht nur eine russische Stadt in Gestalt der idyllischen ‚Alexandrowka', sondern viel stärker noch eine sowjetisch geprägte Stadt nach dem 2. Weltkrieg mit vielen Geheimnissen und sogar einem eigenen ‚Militärstädtchen', das erst 1995 wieder geräumt wurde.

Als ehemalige Grenz- und Frontstadt des Kalten Krieges hat dies Spuren hinterlassen, die aufschlussreich sind, wenn man sich mit der Geschichte des 20. Jahrhunderts beschäftigen will. *Ein* Lenin (als Statue in der Innenstadt[34]) ist dafür nicht zu viel! Man hätte dann in der Hegel-Allee gleich einiges zu *zeigen* (und zu erklären), was spannend und lehrreich ist: Vom Nauener Tor über den Ort, wo *Karl Liebknecht* (er war SPD-Abgeordneter von Potsdam) mit seinen Genossen die Abstimmung gegen die Kriegskredite vorbereitete (Hegelallee 38), über das heutige Einstein-Gymnasium (Hegelallee 30), welches der Widerstandskämpfer *Helmuth James von Moltke* in den 20er Jahren besuchte[35], bis zum sowjetischen Offizierskasino vis-à-vis mit seinem *Lenin*, der 1961 aufgestellt worden ist und 1987 zu seinem 100. Geburtstag auf die Denkmalliste kam, was man heute wieder löschen möchte.

Die CDU-Fraktion im Stadtparlament verlangte 2006 vom Oberbürgermeister, dafür zu sorgen, dass die angekündigte Wiederaufstellung unterbleibt. Der Denkmalschutz sei kein Argument: „In Potsdam, einer *Stadt der Toleranz*, darf diese nicht für Persönlichkeiten gelten, die in ihrem politischen Leben buchstäblich über Leichen gegangen sind."[36] In Reaktion darauf beantragte die linksalternative Fraktion ,Die Andere', „dass sämtliche Denkmäler Friedrichs II., Friedrich Wilhelm IV. und des Generals Blücher entfernt werden" und „eine Überprüfung anderer Persönlichkeiten stattfinden soll, die in ihrem Leben buchstäblich über Leichen gegangen sind."[37] Nach sechsmonatiger Debatte beschloss die parlamentarische Mehrheit schließlich eine Überprüfung des Denkmalstatus und die Abschiebung ins Museum.

Im Herbst 2012 – nachdem sich in der Zwischenzeit nichts getan hatte – stellt die CDU erneut einen Antrag zur Sache. Diesmal formuliert sie vorsichtiger: „Die Biografie von Lenin weist ihn nicht zwingend als einen *aufrechten Demokraten* aus, schon gar nicht mit einem Denkmalstatus."[38] Das ist richtig, doch lernen wir daraus nichts aus der Geschichte, wir entfernen sie vielmehr aus der anschaulichen Stadt, die ein *vitales Forum* sein könnte[39] für die *Widersprüche*, die man aushalten muss, um die Erörterung der fragilen Grundlagen unserer liberal-urbanen Zivilisation überhaupt nur in Gang zu bringen.

Diese Widersprüche lassen sich nicht auflösen wie eine mathematische Gleichung. Sie bilden vielmehr einen Stachel für das Arbeiten an der Geschichte, welches Folgen hat. Dazu gehört auch (wie im Karl-Liebknecht-Haus am Rosa-Luxemburg-Platz in der Mitte Berlins beabsichtigt), den zahlreichen kommunistischen und antifaschistischen Opfern im Namen des Kommunismus zu gedenken. Lag es nur an der Durchführung einer an sich richtigen Idee, oder lag es nicht auch an der Idee? Welche ,ehernen Gesetze' zwangen einen, in ,unfreundlichen Zeiten' nicht freundlich zu sein (Brecht)? Welche Rolle spielen die Theorien der Intellektuellen und Wissenschaftler bei dieser (gewollten) *politischen* Geschichte?

Einiges indessen muss man tatsächlich aushalten können, so schwer es oft fällt. Die Theorie wird dadurch *realistisch* und die Praxis *pragmatisch*. In Bezug auf die jüngere Geschichte sind wir in Potsdam noch lange nicht im Zustand einer reflexiven Historisierung, wofür die anschauliche und begriffene Geschichte der Stadt hilfreich sein kann, da sie potentiell von jedem nachvollziehbar ist. Wir befinden uns stattdessen eher in einer Überforderung. Historisierung, Pragmatisierung und aufgeklärte Eklektik würden sich bedingen, denn sie gehen Hand in Hand, was wünschenswert wäre. Dafür ist das Toleranzedikt als Stadtgespräch ein Angebot, das mehr ist als ein Event.

Karl Liebknecht war ohne Zweifel ein antimilitaristischer Kontrapunkt im Zentrum des preußischen Militarismus.[40] Der Jurist nutzte sogar den Gerichtssaal als Bühne für seine Argumentation. Der massive (antizivile) Militarismus, der die damalige Gesellschaft durchdrang, so dass von einer Zivilgesellschaft als Antithese nicht gesprochen werden kann, war das zentrale kritische Thema vor dem Ausbruch dessen, was heute zutreffend die ‚Urkatastrophe der Moderne' genannt wird, die auch der Arbeiter-Kaiser August Bebel, der 1913 starb, nicht aufhalten konnte. Der erste Weltkrieg hat ‚tabula rasa' gemacht und war von den Folgen her weit mehr als ein „großer Kladderadatsch" (Bebel).

Seitdem braucht man vom ‚Untergang des Abendlandes' gar nicht mehr zu sprechen, denn er hat stattgefunden. Ich will an dieser Stelle nur den französischen Historiker François Furet zitieren, der schreibt: Der Krieg hatte die Menschen zugänglicher dafür gemacht, „gleich zu fühlen und gleich zu handeln". Furet schreibt weiter: „Der Krieg hat auf seine Art das alte Europa demokratisiert. (…) Die Beteiligung der Massen an der modernen Politik (…) vollzieht sich im Nachkriegseuropa nicht durch ihre Einbindung in demokratische Parteien, sondern zu den neu ertönenden revolutionären Klängen. In dieser Hinsicht spielte die russische Oktoberrevolution (…) eine sehr wichtige Rolle."[41]

Bolschewismus und Faschismus sind aus derselben Geschichte des Krieges hervorgegangen. Nach dem Ersten Weltkrieg beginnt die Ära der Massen. „Doch diese neue Epoche wird nicht durch eine progressive und natürliche Entwicklung der Demokratie eingeläutet".[42] Die vielen aktiven Bürger werden nicht durch die Erziehung in die Politik integriert, sondern durch die Erinnerungen an das geteilte Leid des militärische Elends eines Krieges, dessen Folgen niemand unter Kontrolle hat. Diese Bürger „verstehen besser die Sprache der brüderlichen Kampfgemeinschaft als die des *zivilisierten Ringens um die Macht*".

Der französische Historiker führt weiter aus: „Diese Haltung wird von der Rechten als eine Verbeugung vor der Tradition, doch auch von der Linken als ein Zukunftsversprechen bejubelt. Und nach Kriegsende dauert es nicht lange bis das Wort ‚Sozialismus', das diesmal von der Rechten ins Spiel gebracht wird, seinen Siegeszug unter dem Banner des Faschismus antritt".[43] Das faschistische Konzept schöpft seine Kraft aus derselben Quelle wie der Bolschewismus: *aus dem Krieg*. Wie der Bolschewismus vermag es die modernen revolutionären Leidenschaften zu mobilisieren: Brüderlichkeit der Kämpfenden, Hass auf das Bürgertum und das Geld, Gleichheit der Menschen und Streben nach einer neuen Welt. Doch hier wird ein anderer Weg gewiesen als die Diktatur des Proletariats, nämlich der des nationalen Gemeinschaftsstaates. Dieses Konzept ist der zweite große politische Mythos des Jahrhunderts."[44]

Liebknecht und Lenin sind in diesem Kontext des kurzen 20. Jahrhunderts (1914-89) *der Extreme* zu sehen.[45] In ihm zerstörten *harte* Großideologien und ihr gegenseitiger Kampf um die Weltherrschaft die *weiche* Toleranz der Demokratie, die kaum Chancen hatte zu wachsen. Die Republik war den Kommunisten zu wenig, eine säkulare Erlösungs-Religion musste es sein. Deren Attraktivität bestand in der Verbindung eines Geschichtsglaubens mit einer starken Gemeinschaft für ein planetarisches Projekt. Sozialisten mussten sich zwischen Kommunismus und Sozialdemokratie entscheiden. Dazu kam Stalins Strategie im Kampf gegen den Faschismus. Beides wirkte in der DDR weiter: als antifaschistischer Gründungsmythos wie in der Unterdrückung der Sozialdemokratie. Es sollte „demokratisch aussehen", aber die Kommunisten wollten „alles unter Kontrolle behalten" (Ulbricht).[46]

Potsdam war buchstäblich von Anfang bis Ende Frontstadt des Kalten Krieges, mit allen wissenschaftlichen Einrichtungen der ‚Feindbekämpfung', die dazugehörten. Von welcher Art Feind war eigentlich der 'Klassenfeind'? Viel Nachdenken darüber gibt es nicht, obwohl (oder vielleicht weil) es sich immer noch auswirkt. Die mahnenden Rotkäppchenfiguren auf dem Campus Griebnitzsee, welche die Universität als „Kunst am Bau" gekauft hat, sind dafür wenig aussagekräftig. Wo lauert heute der böse Wolf? Es gibt den bösen Satz, wer Kollegen hat, braucht keine Feinde.
Auf diesem geschlossenen Gelände der DDR waren die Akademie für Staat und

Recht, die Hochschule für Recht und Verwaltung sowie die Babelsberger Diplomatenschule untergebracht. Selbst General Schukow weilte für kurze Zeit im historischen Hauptgebäude mit seiner Nazigeschichte, bevor er mit seinem Stab nach Berlin-Karlshorst zog. Noch 1990 waren rund 30.000 sowjetische Militärs mit Angehörigen in Potsdam stationiert.

Der Bahnhof Griebnitzsee war bis zum Mauerfall Grenzbahnhof der DDR. Diese wenig bekannte und noch weniger reflektierte Geschichte wird seit kurzem noch komplettiert durch den Hiroshima-Nagasaki-Platz gegenüber der Truman-Villa[47] mit dem Gedenkstein „In der Hoffnung auf eine atomwaffenfreie Welt". Schon Babelsberg, das lange eine eigenständige Gemeinde war, und erst recht Potsdam als preußische, französische, holländische, sowjetische und DDR-Stadt sind überladen mit schwieriger Geschichte. Sie überfordert uns alle, insbesondere die Kommunalpolitik, die nun versucht, ein *Gedenkkonzept* zu entwerfen, welches als Orientierung dienen kann, damit die Vergangenheitsbewältigung nicht zur Überwältigung wird. Oder gar als Folge davon in Indifferenz umschlägt.

Vor ein paar Jahren schlugen linke Studenten vor, die neue Universität Potsdam, die 1991 gegründet worden ist, ‚Karl Liebknecht-Universität' zu nennen. Das war wenig originell, zumal die ‚Vorgängereinrichtung', die Pädagogische Hochschule am Neuen Palais, das Lieblingskind Margot Honeckers, schon ‚Karl Liebknecht-Hochschule' hieß – mit der entsprechenden Büste vor dem Hauptgebäude.[48] Diese Zeit des ideologischen Klassenkampfs ist vorbei, und der Sockel, der inzwischen ebenso verschwunden ist, verwaist. Dafür gibt es die Karl-Liebknecht-Straße in Babelsberg und das Karl-Liebknecht-Stadion, im Volksmund liebevoll ‚Karli‘ genannt, wo ‚Babelsberg 03‘ und ‚Turbine Potsdam‘ spielen. Als Bild-(Kleber) der linksautonomen Szene ist Karl Liebknecht in der Stadt omnipräsent. Seine Fans sind heute Fans von Babelsberg 03, die gerne provozieren – manchmal gut, manchmal schlecht. Das gehört zur kurzatmigen Provokation.

Helmuth James von Moltke (geb. 1907) war der Begründer der wichtigsten zivilen Widerstandsgruppe gegen das Nazi-Regime, des ‚Kreisauer Kreises‘. Seine prägenden Einflüsse in Kindheit und Jugend sind aufschlussreich dafür, wie man auch in einem fanatischen Umfeld fähig bleibt, *zivil zu handeln, was mehr umfasst als politisches Handeln.* Dem jungen Moltke gelang es nämlich immer wieder, unterschiedliche Menschen *zusammenzuführen.* Dafür waren zum einen das Grenzen überschreitende liberale Selbstverständnis seiner Mutter und deren Eltern, die in Südafrika lebten, verantwortlich, zum anderen aber auch das Pendeln zwischen dem stillen *Potsdam und* der lauten Metropole *Berlin.*[49] „Zum Wichtigsten, was Potsdam dem Jüngling bot, gehörte freilich die Nähe Berlins. Wenn er zwischen beiden Städten pendelte, geschah es wohl, dass es ihm war, als pendele er zwischen den Epochen hin und her! In dieser Gegebenheit des Jahres 1923/24, einem ständigen historischen Training mit Hilfe der S-Bahn, kann man, ebenso wie in dem guten Kontakt zu den Monarchisten von Mirbach, so etwas wie eine der Voraussetzungen sehen, die ihn in den kommenden Kriegsjahren befähigen sollten, eine Gruppe von politisch völlig verschieden denkenden Regimegegnern zusammenzubringen wie zugleich andere dem Totalitarismus abspenstig zu machen. Sein Blick hatte historische Tiefenschärfe bekommen, Fähigkeiten der individuellen Menschenkenntnis, des politischen appeal lagen dann nicht mehr fern.“[50]

Die große Stadt war Erfahrungsraum und Lernort zugleich: „Die Stadt war eine Riesenbühne, auf der sich rund 4 Millionen Stimmen auf moderne Art äußerten, meist alle zugleich und durcheinander. Die Berliner hatten sich durch den Weltkrieg gequält, den ‚Dramenzyklus‘ der ersten Republikjahre hinter sich gebracht, sie schlugen sich durch die heftigste Erschütterung der Stadt seit der Cholera in der Mitte des 19. Jahrhunderts. Die Mehrheit der Bevölkerung war erst vor ein oder zwei Generationen zugezogen. Viele mit nichts als einem Topf Schmalz in der Hand, einem verschließbaren Korbkoffer, bekleidet mit Tscherkessenröcken, gewendeten Schafspelzen, mit Knieschürzen, Pumphosen, Tagelöhnermützen.

Sie hatten sich und ihre Kinder einer ungewissen Berliner Zukunft verschrieben, und in der Regel waren sie nicht betrogen worden. Helmuth James sah schon von der S-Bahn aus ihre moderne Gegenwart, die vier-, fünfstöckigen Mietskasernen in schnurgeraden kilometerlangen Straßen, die sie bewohnten. Und er sah immer wieder Demonstrationszüge vom Zug aus. Er sah die roten, schwarz-rot-goldenen und schwarz-weiß-roten Fahnen, hörte die im Schall abgerissenen Befehlsbrocken ‚Hoch!‘, ‚Nieder!‘, ‚Weg mit!‘, ‚Schluss mit!‘, ‚Kampf dem!‘. Später las er auf Litfaßsäulen die dazugehörenden Erläuterungen, Schlagworte wie Versailles, Moskau oder ‚Nein, mich zwingt ihr nicht!‘, ‚Los von jüdisch-sozialistischer Front!‘. Hoch immer ein Kampf, eine Ehre, die leuchtende Zukunft oder die glorreiche Vergangenheit, runter immer die Gegenwart, der Feind, die Juden, die Sozialisten."[51]

Moltke interessierten „polity, policy und politics"[52], woraus im Zuge der Urbanisierung seiner Erfahrung[53] eine politische Klugheit erwuchs. „Aus der Anschauung des Epochenumbruchs, der sich seit *1989* vor aller Augen abspielt, wissen wir wieder, wie weit sich das Feld der Politik in Wendesituationen ausdehnt. Wie empfindlich dieses sonst unsichtbare Wahrnehmungs-, Aktions- und Machtgeflecht auf Erschütterungen reagiert. Viel hängt mitunter von *wenigen* ab: von recherchierenden Journalisten, beherzten Richtern, phantasievollen Lehrern, von Individuen, die sich ohne lange Absprache gegen Verblödungswellen einsetzen, von sogenannten intakten Familien, die nur deshalb so heißen, weil sie den Strom zivilisatorischer Prozesse zwischen den Generationen vermitteln. In solchen Zeiten spielen die Eigenschaften von Persönlichkeiten eine größere Rolle als im routinierten Lauf der Dinge. Die Frage nach Verstärkung, nach gesellschaftlicher Initiative wurde in diesen goldenen Jahren laut, politischer Nachwuchs wurde gesucht, und mehrere Mentoren gleichzeitig entdeckten so Helmuth James als einen aktiven und furchtlosen Jüngling, der sich in der neuen Epoche heimisch fühlte, sachlich und freundlich zu äußern wusste, gut aussah, politische Ideen hatte und dazu noch von Moltke hieß."[54]

Man muss jedoch nicht von Moltke heißen. Der moderne Mensch von heute versteht

sich und sein Glück ‚individualistisch'. Wir sprechen von ‚Einzelnen' oder ‚Personen', woraus ebenso die unbedingte Achtung vor dem Wert des Einzelnen folgt. Der Fortschritt der Individualrechte, wie er bei der ‚Feier der amerikanischen Demokratie' am 21. Januar 2013, der 57. Inauguration, die sich Martin Luther King 1963 nicht einmal in seinem Traum hätte vorstellen können, wieder deutlich zum Ausdruck kam[55], und das Auftreten (namenloser) ziviler Massen in den demokratischen Revolutionen seit 1989 (auch in den arabischen Ländern) sind Hoffnungszeichen für die Zukunft. Ohne diese Freiheit verlieren die anderen Werte ihren Sinn. Freiheit verknüpft mit Verantwortung und Toleranz ist eine eminente Aufgabe, die stets vor neuen Herausforderungen steht. Liberalität und Massenzivilität bilden dabei buchstäblich das Rückgrat einer liberalen Demokratie.

Im kurzen 20. Jahrhundert der Extreme und des bipolaren Denkens (Sozialismus vs. Kapitalismus, nicht: Demokratie vs. Diktatur) sind die liberalen Werte, die um ‚Würde' und ‚Individualität' kreisen, vor allem durch den *„Gemeinschafts-radikalismus"*[56] des Faschismus und Kommunismus infrage gestellt worden.

Heutzutage geht die Bedrohung eher von der Funktionalität einer ‚künstlichen' *Gesellschaft* aus, die überall marktkonformes Verhalten verlangt bis hin zur 'marktkonformen Demokratie' (Merkel), die selbst bürgerlichen Maßstäben nicht mehr genügt. Noch vor der ‚Tagesschau' wird inzwischen allabendlich das politische Geschehen von den ‚Börsennachrichten' kommentiert, was fast unmerklich sozialisiert.

Die künstliche Gesellschaft, in der wir leben, verursacht für die Individuen und ihren Rollenhaushalt viele Probleme – Probleme der Erfahrung aus zweiter Hand, der medialen Zweitexistenz, der Beschleunigung, Überforderung, Inkonsistenz, Komplexität usw. Zur künstlichen Gesellschaft gehört grundlegend aber auch die *Zivilisiertheit* in den Umgangs- und Auseinandersetzungsformen, die fehlt, wenn zum Beispiel die freie Rede unter vernünftigen Bedingungen nicht möglich ist (wie jüngst wieder am 10. April 2013 für Verteidigungsminister de Maizière sogar an der Humboldt-Universität mitten in Berlin[57]). Das ist deshalb erschreckend, weil es einschüchternd wirkt, denn so beginnen (selbst an Universitäten) wieder unmerklich fatale Anpassungsprozesse, obwohl man sich in besonderer Weise frei und selbstbewusst wähnt. Nicht nur die Angst vor Argumenten, auch die Angst vor der Freiheit und der mangelnde Mut zur Wahrheit spielen dabei eine Rolle.

Der öffentliche Raum benötigt die Zivilität des ‚public man'.[58] Dieser politische Mensch im abgemilderten bürgerschaftlichen Sinne hält zumindest eine Balance zwischen öffentlich und privat. Er/Sie kennen Maß, Zurückhaltung und Takt. Demgegenüber bedeutet ‚Tyrannei der Intimität' den Verlust von Distanz und die rücksichtslose Dominanz der Selbstbezogenheit in einer narzisstisch gewordenen Gesellschaft. Selbstverständlich kann etwa die Sprache der Politik nicht nur die Sprache der Diplomatie sein. Sie hat aufgrund unterschiedlicher Interessen und oft harter Gegensätze sowie bestenfalls plausiblem Wissen notwendigerweise polemische Züge, die bisweilen auch entgleisen können. Das Recht auf polemische Zuspitzung gehört jedenfalls zur Politik (im Sinne von 'politics').

Hier darf man nicht zu empfindlich sein, denn Politik und Philosophie sind agonal, das heißt: es sind Streit- und Kampfplätze. Der Mensch sollte in diesem Sinne politik- und philosophiefähig bleiben. Hingegen bedarf es der wahrnehmenden Achtsamkeit und sichtbaren Gegenwehr, wenn es um freie öffentliche Denk- und Sprachräume und den Schutz der Würde der Person geht. Das Gebot der Transparenz darf nicht freiwillig in eine Kontrollgesellschaft umschlagen[59], es muss politisch sinnvoll und rechtlich verhältnismäßig bleiben. Die Bürger und Bürgerinnen machen zunehmend die neue Erfahrung, dass das Internet (erstmals in der Geschichte) als globaler Überwachungsapparat genutzt werden kann. Deshalb gilt zum einen als Trotzdem-Satz der Zivilität: Öffentlichkeit und Oberfläche *trotz* Privatheit, Intimität und Tiefe; aber zum anderen auch Privatheit, Intimität, Geheimnis und List *trotz* einer Öffentlichkeit, die durch Boulevardisierung, Personalisierung, Überwachung und Mobbing erodiert.

VIII. Das Gespräch, das wir sind

Toleranz schließt ärgerliche *Konflikte* nicht aus, sondern *ein*. Widerspruch, Widerstreit und Widerstand gehören ebenso zum alltäglichen wie zum politischen Leben. Konsens *und* Konflikt sind Facetten der Realität. Toleranz ist keine Schönwetterveranstaltung, wie die Auseinandersetzungen um die öffentlichen Auftritte von Erika Steinbach an der Universität Potsdam (2008) und Thilo Sarrazin (2010) gezeigt haben. Proteste gegen den Vortrag der CDU-Bundestagsabgeordneten und Vorsitzenden des Bundes der Vertriebenen, Erika Steinbach, an der Universität Potsdam rückten schlagartig die Auseinandersetzung über Meinungs- und Redefreiheit in den Mittelpunkt des Potsdamer Toleranzedikts als Stadtgespräch. Die *Meinungsfreiheit*, einschließlich kränkender Kritik, ist grundlegend für eine liberale Demokratie, da sie die Auseinandersetzung von Meinungen erst ermöglicht. Sie mutet allen Beteiligten – manchen mehr als anderen – Konfliktfähigkeit, ja sogar eine gewisse Indolenz zu, die jedoch nicht in Einschüchterung und Gewalt umschlagen darf.

2010 wird im Raffaelsaal im Sanssouci-Park der dänische Karikaturist Kurt Westergaard unter Anwesenheit der Bundeskanzlerin, welche die Laudatio hielt, mit einem renommierten Medienpreis geehrt, womit ein Zeichen für die Verteidigung der Pressefreiheit gesetzt werden soll. Westergaard hatte zuvor mit seiner Mohammed-Karikatur eine Welle der Empörung in der muslimischen Welt ausgelöst, bei der mehr als hundert Menschen ums Leben kamen. „Ich habe nur meine Arbeit gemacht."

Bei hasserfüllten Auseinandersetzungen droht immer die Gefahr gewalttätiger Es-kalation. Hass zu vermeiden, ist deshalb nicht nur ein Motiv von Gandhis Philosophie des zivilen Ungehorsams[60], sondern ebenso eine kluge Handlungsempfehlung Machiavellis für die Durchführung aller Machtpolitik. Man soll gefürchtet (heute sagen wir ziviler: respektiert) sein, aber nicht verhasst[61]. Ansonsten braucht sich die Macht nicht über den Widerstand zu wundern, der ihr erwächst – und umgekehrt. Politisches Handeln ist jedoch komplexer als diese einfache Relation, die potenziell fast immer eine Rolle spielt.

Politische Theorie hat einen Einfluss auf die Auseinandersetzungsformen und deren Inhalte, sie ist Teil des Geschehens, weshalb auch kleine und feine Unterscheidungen folgenreich werden können. Ist erst einmal (oft leidvoll und mühsam genug) eine minimale (elektorale) Demokratie etabliert, soll man deshalb Respekt und Rücksicht fordern.[62] Mehr Rücksichtnahme gehört außerdem zur noch wenig geübten Praxis der Interkultur. Rücksichtslosigkeit dagegen ist unzivil. Das *Antizivile* besteht darin, dass über *Grenzen* (selbst des allgemeinem Spotts und der professionellen Satire) zwischen Provokation und Polemik auf der *einen Seite* sowie vorsätzlicher Verleumdung und Verletzung auf der *anderen Seite* nicht mehr nachgedacht und diskutiert wird.

Die Zivilität der Menschen drückt sich in *Trotzdem-Sätzen* aus, wie zum Beispiel Common sense *trotz* Diskurs (Konsens, Dissens), Spezialisierungen und Anomien. Das Zivile, welches das historisch belastete und verengte Bürgerliche ersetzt, ist in der Dialogik ‚versprengter Menschen' begründet, was wir auch ‚Dialogkultur' genannt haben. Verstehen ist oft schwieriger als Recht zu behalten. Liberal-demokratische Bürgerschaft, Humanität als Kultur, neue Zivilität und politisch verstandene Urbanität, bei der Stadtkonsumenten wieder mehr und vermehrt zu Stadtbürgern mit urbanen Kompetenzen werden[63], sind *komplementäre Konzepte.*

Norbert Elias spricht aus der Vogelperspektive seiner Zivilisationstheorie (sozusagen nach (post) Hobbes, Durkheim und Max Weber) von „stadtreichen und differenzierten Staatsgesellschaften, in denen sich der Stand des menschlichen Selbstbewusstseins spiegelt".[64] Daran knüpfen wir hier an, im Unterschied zum Soziologen Elias allerdings mit dem Versuch einer politischen Theorie der demokratischen Bürgerschaft und starken Urbanität, welche Stadtkonsumenten und Unternehmen einbezieht.

Die Heimatstadt von Norbert Elias, Breslau, ist heute als Wroclaw "Stadt der Begegnung" und bald europäische Kulturhauptstadt. Staaten kommen und gehen, Städte bleiben, selbst nach ‚Zivilisationszusammenbrüchen' (Elias). Nach dem Zweiten Weltkrieg waren siebzig Prozent von Breslau, welches zuvor von außen zur ‚Festung' erklärt worden ist, zerstört. Warschau wurde sogar "glattrasiert" (Hitler). In Polen sagt man deshalb, dass der Warschauer Aufstand und die Heimatarmee "dauerhafte Werte" geschaffen haben.

Breslau gehörte zu Böhmen, Polen, Österreich, Preußen, Deutschland und heute wieder zu Polen. Der ‚Urbanizid' (Schlögel) ist Zeichen von Zivilisationszusammenbruch, dessen Bilder (in der Gegenwart von Sarajevo, Grosny, Vukovar, Dubrovnik, Aleppo u.a.) schlimmer sind als die mittelalterlichen Höllenbilder. Stadtzerstörungen sind Höllen, die sich Menschen, welche meinen Gründe dafür zu haben, gegenseitig zufügen.

Wir befinden uns mit einer bürgerschaftszentrierten politischen Theorie auf der Spur der aristotelischen Politik[65] und Tugendethik[66] - und sind doch ganz woanders! Die ‚Politik' von Aristoteles steht in Relation zur Stadt (polis), der Bürgerschaft und der Verfassung. Dieser ‚Staat der Vielheit' (im Unterschied zur ‚Politeia' Platons) kennt die souveräne Gewalt des modernen Staates noch nicht. Am modernen Verfassungsstaat, in den der Rechts- und Sozialstaat eingegangen sind, kommen wir heute jedoch nicht vorbei. Insofern hat sich auch die Politik neuzeitlich verändert. Nicht nur die Unterscheidung zwischen *Stadt-* und *Staats*gesellschaft ist konzeptuell relevant, ebenso gilt es zwischen *gesellschaftlicher* und *ziviler* Komplexität zu unterscheiden, wobei erstere in der modernen Gesellschaft enorm gewachsen ist, so dass wir bisweilen in einer Komplexitätsfalle stecken. Eine Freiheitsfalle gibt es indessen nicht, und die zivile Komplexität einer mehrstufigen Demokratie (einschließlich ihrer durchlässigen Grenzen) ist pragmatisch so konstruierbar, dass sie bürgerschaftlich lebbar wird. Dafür ist die *verfassungsdemokratische Bürgergesellschaft* ein Bezugsrahmen, der normative Implikationen hat.

Ein Zusammenhang zwischen Tugendethik[67], für die Charakter und Erziehung grundlegend sind, und demokratischer Politik bleibt somit bestehen. Seit der Aufklärung existiert eine aufgefächerte Tugendlehre „unbelastet von tiefgründiger Philosophie und Theologie",[68] die sich von den kleineren Bereichen des menschlichen Lebens bis in die größeren der Staaten und der Menschheit erstreckt. Es handelt sich letztlich um eine „schlichte Ethik",[69] die *viele* erreicht, die allerdings durch politische Theorie (im Stile etwa des Verfassungsphilosophen Montesquieu) ergänzt werden muss: „Die politische Freiheit ist nur unter maßvollen Regierungen anzutreffen. Indes besteht sie selber in maßvollen Staaten nicht immer, sondern nur dann, wenn man die Macht nicht missbraucht. Eine ewige Erfahrung lehrt jedoch, dass jeder Mensch, der Macht hat, dazu getrieben wird, sie zu missbrauchen. Er geht immer weiter, bis er an Grenzen stößt. Wer hätte das gedacht: Sogar die Tugend hat Grenzen nötig."[70]

Um eine zivilisierte Gesellschaft aufzubauen und am Leben erhalten zu können, sind somit mehrere *Bezüge* zu beachten. Dies gilt substantiell wie metatheoretisch. Gerade eine bürgerschaftszentrierte politische Theorie muss sich *realistisch und kritisch* auf verschiedene Politik- und Machtbegriffe, die im Spiel sind, beziehen können. Ansonsten ist sie schnell aus dem Spiel. Sie achtet deshalb als reflexive Instanz sowohl auf die *Politik der Begriffe* wie die *Begriffe des Politischen*. Die aristotelische Stadt- und Praxisanalyse, die mit der Zeit gehen muss, wie das partizipatorische Bürgerverständnis von Aristoteles'[71] wirken weiter. Das politische Gespräch ist offen zu gestalten – das ist unser ‚griechisches Erbe', welches durch einen neuen Autoritarismus illiberaler Demokratie verspielt werden kann. Es ist kein Zufall, dass die Hermeneutik die aristotelische ‚phronesis' (Klugheit) zum Ausgangspunkt der praktischen Philosophie nimmt.[72] Selbstverständlich sind neuere Entwicklungen (wie die des modernen Staates) ebenso zu beachten wie die (inzwischen ausdifferenzierte) sozialwissenschaftliche Empirie. Dieses vielfältige Wissen muss aufgenommen sowie *problem-* und *themen*orientiert verarbeitet werden, was freilich immer leichter gesagt als getan ist. Die antike Polis ist noch eine kleine überschaubare Stadt. Schon das damalige Athen erschien den politischen Theoretikern als zu groß; der Moloch von heute, der alles verschlingt, würde sie erst recht erschrecken.

Bei Aristoteles *ist* die Bürgerschaft, die sich kennt, *die* Stadt, obwohl sie nur einen kleinen Kreis (unter Bedingungen der Sklavenwirtschaft) allerdings stark partizipierender Bürger umfasst. Von diesen Impulsen zehrt die Idee der Demokratie noch immer. Vieles ist aktuell geblieben und braucht nicht aktualisiert zu werden.

Die heutige *moderne* Stadt ist im Vergleich zur antiken Polis allerdings groß, zahlreich, fremd, unübersichtlich und unbekannt. Dadurch werden die Koexistenz-, Verständigungs- und Übersetzungsverhältnisse wichtiger, um die Kluften überhaupt noch überbrücken zu können. Solche Verhältnisse, die in den posteuropäischen Megacities, welche die Problemzonen der Zukunft demonstrieren, ihre höchste Ausdehnung erfahren, benötigen, um überhaupt menschliche Verkehrsverhältnisse zu werden (und zu bleiben), urbane Toleranz, Gesprächs- und Problemlösungsfähigkeit, Übersetzer und Vermittler, was ebenso über die *aristotelische Politik* wie die *Politik des modernen Staates* hinausführt.

IX. Repressive Toleranz?

Nach der Blockade der Vortragsreihe zur „Siedlungsgeschichte der Deutschen in Ost-Mitteleuropa" durch linksextreme Gruppen entbrannte eine Debatte über demokratische Streitkultur in der Stadt, in welche sich schließlich auch der Oberbürgermeister und Vertreter der verschiedenen Parteien einmischten. Der Allgemeine Studierenden-Ausschuss (AStA) wies trotz seines Aufrufes zu den Protesten jede Mitverantwortung für die Eskalation von sich, bei der offenbar friedliche Proteste, die legitim sind[73], entgleisten. Die Vollversammlung der Studierendenschaft des Historischen Instituts der Universität distanzierte sich schließlich von den Protesten: 146 der 173 anwesenden Studenten forderten die Weiterführung solcher Veranstaltungen. Viele meinten, man solle sich auf jeden Fall den Vortrag anhören, insbesondere auch dann, wenn man dezidiert anderer Meinung ist. Auf diesen Beschluss der Studenten reagierten der AStA und das Studierendenparlament mit einem gegenteiligen Beschluss.

Am 17. Juni 2008 schlug sodann eine Gruppe Studierender Thesen unter dem Titel „Wider Eure repressive Toleranz" an Gebäuden der Universität Potsdam an. Dies richtete sich gegen die Kritiker an den Protesten. ‚Repressive Toleranz' war schon ein Schlüsselbegriff der 68er-Studenten und Schüler, der einerseits vor allem der Denunziation des real existierenden Liberalismus diente, andererseits aber auch eigene illiberale Praktiken rechtfertigte. In Herbert Marcuses berühmtem Essay aus dem Jahr 1966 kommt der zum Schlagwort mutierte Begriff jedoch lediglich im Titel vor.[74] Der deutsche Philosoph Marcuse, der 1898 in Berlin geboren

wurde, bei Martin Heidegger in Freiburg studierte, 1933 aus Deutschland fliehen musste, an amerikanischer Seite gegen Nazi-Deutschland kämpfte[75], Sowjetunion-Spezialist wurde[76] und in den 60er Jahren zur Symbolfigur der Neuen Linken aufstieg, ist geradezu ein Toleranzenthusiast. Liest man nicht nur den bekannten Titel, sondern den ganzen Text, so begegnet einem dort Toleranz als „subversiver, befreiender Begriff".[77] Marcuse spricht von „befreiender Toleranz" und „Toleranz als Selbstzweck" – „Toleranz erweitere die Reichweite und Inhalte der Freiheit."[78] Selbstverständlich spricht er auch und vor allem kritisch von den im Hintergrund wirkenden Beschränkungen der Toleranz, die es selbst in der liberalen Gesellschaft gab, in die er – wie so viele[79] – fliehen konnte. Wir befinden uns in den sechziger Jahren (der Text entstand in dieser Zeit), in denen es vor allem um die libertäre Entfesselung und weniger um Grenzen und die Klarheit von Regeln ging.

Marcuses Kritik (und sein Versuch über Befreiung) ist nach wie vor wichtig, wenngleich nicht mehr zentral, denn auch der heutige liberale Schein inszenierter Realitäten ist noch keine liberale Wirklichkeit. Denkverbote darf es keine geben, und mit der schnellen moralischen Empörung, medial erregt, sollten wir lernen, vorsichtig umzugehen, um nicht Teil der Meute zu werden. Die Eindimensionalität, die Marcuse kritisierte[80], hat inzwischen verschiedene Gesichter. Die Konsumgesellschaft vergisst zum Beispiel allzu oft, dass Konsum auch eine Wahl ist, die Folgen hat (consumer citizenship). Der Bürger ist auch hier ein Bürger im Sinne von ‚citizenship' (Bürgerschaft).

Die Debatte um die Vorlesungsreihe mit Erika Steinbach wurde bundesweit mehrere Tage in den Medien begleitet. Es gab zahlreiche Leserbriefe in Tageszeitungen, die sich auf Fragen der Meinungs- und Redefreiheit bezogen. Solche Auseinandersetzungen bleiben eine Bewährungsprobe für das *Toleranzedikt*, das auch scheitern kann. Es lebt, solange es von verschiedener Seite (mit durchaus unterschiedlichen Interpretationen) als Maßstab und Anknüpfungspunkt benutzt wird. Anlässe dafür gibt es genug. Allerdings müssen sie von den Beteiligten selbst mit Bezug auf das Toleranzedikt aktualisiert werden. Zum Beispiel ist Ende 2012 die Kompromissfähigkeit der Schlösserstiftung gegenüber dem Fußballplatz am Rand des Babelsberger Parks, der Spitzenplätze im Bürgerhaushaltsverfahren erreicht hat, gefragt. Es spielt der kleine SV Concordia Nowawes 06 gegen die große Schlösserstiftung. Die Stadt(-verwaltung) hat sich auf die Seite des Fußballklubs gestellt.

Der Name ‚Toleranzedikt' ist ein Versprechen, einen strengen Verhaltenskodex kann es nicht bieten. Dafür sind Zusammenleben und Toleranz zu sehr *ineinander* verwoben, was zu den verschiedenen Bedeutungen von Toleranz, die mit Lebensformen verknüpft sind, führt. Diese Konflikte müssen die Beteiligten selber lösen, wenn bisweilen auch professionelle Mediation und Moderation, die Kunstgriffe der Aufklärung sind, helfen können.[81] Das Rettende entsteht in der Gefahr. Einige Gefahren kennen wir bereits. Deshalb gibt es im Umgang mit ihnen bewährte Erfahrungen, die reflektiert und tradiert werden – zum Beispiel in Bezug auf Nachhaltigkeit.

Wenn sich Aufklärung mit Organisation verbündet – und das ist in der modernen Organisationsgesellschaft fast durchweg der Fall – stellen sich sofort auch machtkritische Bedenken und Fragen demokratischer Legitimität. Wer organisiert hier – wen, was, wozu? Von wo geht die Initiative aus? Wie kann man teilnehmen? Welche Ergebnisse werden erwartet? Wir müssen also noch einmal den titelgebenden Begriff ‚*organisierter Dialog*' (siehe Kap. IV) erörtern und uns fragen, wo und wie hier ein Toleranzedikt als Stadtgespräch einzuordnen ist.

Das Stichwort ‚Bürgerbeteiligung' boomt gegenwärtig in Deutschland, insbesondere nach dem Scheitern von Großprojekten (Stuttgart 21). Bürgerbeteiligungsverfahren, die so vielfältig sind, dass man sie nicht in *ein* System bringen kann, sind im allgemeinen Platzhalter für Entscheidungsverfahren, die andernorts zur direkten Demokratie (wo die Bürger selber entscheiden) gezählt werden, als auch für neue informelle Verfahren, die offen bis exklusiv, kleinteilig bis großflächig sein können. Solche Verfahren wie Zukunftswerkstätten, Stadtforen, Bürgerhaushalte u. a. sind allesamt organisierte Dialoge, die in Krisensituationen selbst größere Koordinaten verändern können (‚New Deal', Richtlinienbewegung[82], Konkordanz, Verhandlungsdemokratie, ‚runde Tische').

Sie entspringen einer bestimmten politischen Kultur, wenngleich sie in der Praxis oft auf ein ‚Elitenkartell', welches verhandelt und bestimmt, beschränkt bleiben. Dagegen muss die ‚Basisdemokratie' geübt und immer wieder neu erfunden werden, da es für sie kein Patentrezept gibt. Eher ist es so, dass die Not erfinderisch macht. Der Weg des Bürgerhaushalts, seine ‚histoire croisée' von Porto Alegre nach Europa (und nicht umgekehrt!), belegt dies.

Wir beschränken uns hier auf die kleineren Dialoge in der Stadt, die allerdings oft inspirierend wirken für die größeren, die heute leichter und besser organisiert werden können. Bei ihnen geht es darum, Handlungsalternativen und Problemlösungen zu kreieren, die den jeweiligen Problemlagen angemessen sind. Solche ‚Stadtforen' sind Experimentierfelder. Sie können sachlich bessere Ergebnisse erzielen als Politik und Verwaltung; es sind dies oft Ergebnisse, die besser standhalten. Ebenso können sie zu Zeitersparnissen führen (im Unterschied zu 'ewig' scheiternden Großprojekten).

Durch diese Politik der Prozeduralisierung rettet man möglicherweise sogar das Politische. Der Anteil von Bürgern, die sich verantwortlich fühlen, kann so von Anfang an gesteigert werden, wobei nicht nur eine Beteiligungselite gefördert und gefordert werden soll. Bürgerbeteiligung würde – das wäre das Ziel – sowohl zu *demokratischer* Regierungskunst als auch, anlassbezogen, zu *Basis*aktivierung führen.

Kurzum: Organisierte Dialoge machen Sinn, wenn sie zu besseren *Entscheidungen* führen. Sie dienen der qualifizierten Entscheidungsvorbereitung, womit Politik und Verwaltung zwar Macht abgeben müssen, aber nicht entmachtet werden. Im Unterschied dazu unterliegt das Toleranzedikt als Stadtgespräch weder einem zeitlichen noch sozialen oder sachlichen Entscheidungsdruck, dem sich Politik und Verwaltung nicht entziehen können. Das heißt wiederum nicht: dass es keine Ergebnisse produziert. Diesem verbreiteten Kurzschluss der instrumentellen Vernunft darf man nicht verfallen. Das Toleranzedikt als Stadtgespräch, welches als organisierter Dialog von der Stadtspitze und stadtweit angestoßen worden ist und inzwischen ein Eigenleben hat, das niemand steuert und lenkt, soll

1. im Sinne der Definition und der Fixpunkte zur Toleranz mahnen;

2. das Stadtgespräch in Gang halten, indem Positionen geklärt und Anregungen gegeben werden; sowie

3. neue Toleranzprobleme ansprechen und thematisieren.

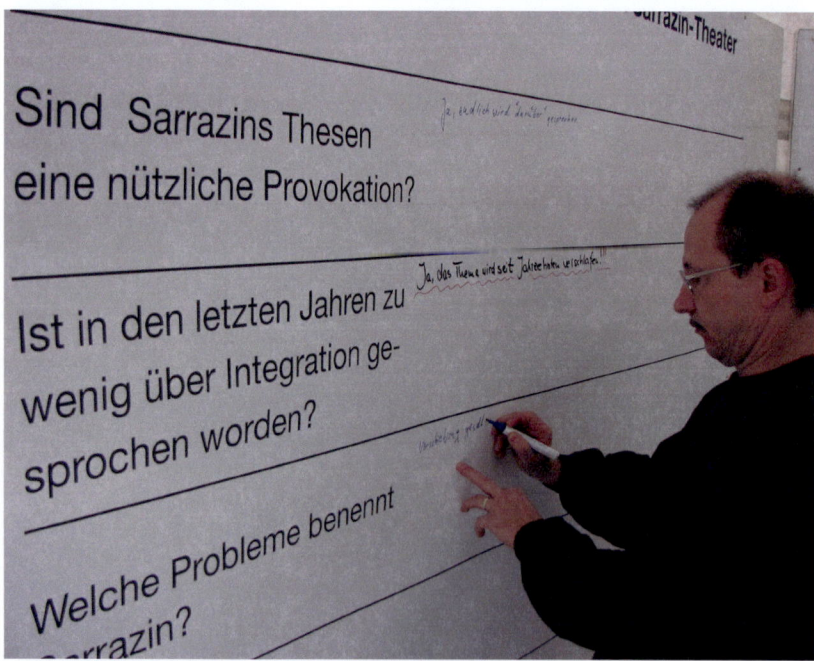

X. Deutschland schafft sich nicht ab

Im ausverkauften Nikolaisaal in Potsdam trug der ehemalige Berliner Finanzsenator Sarrazin am 9. September 2010 seine umstrittenen Thesen aus dem Buch ‚Deutschland schafft sich ab'[83] erstmals öffentlich vor. Die Lesung stand auf der Kippe, weil Veranstalter sich weigerten, diese durchzuführen. Das ist ihr gutes Recht. Bedenklich ist hingegen, dass sie hier wie anderswo teilweise unter Druck gesetzt worden sind von Autoren, die das Recht auf Meinungsfreiheit (auch für provokative Äußerungen) ansonsten zu Recht wie selbstverständlich in Anspruch nehmen.

In dieser Zeit fand wie jedes Jahr die interkulturelle Woche in Potsdam statt. Anstatt solche Veranstaltungen zu besuchen, um etwas über andere Menschen, ihre Integrationsprobleme und Lösungsmöglichkeiten zu erfahren, gingen zum selben Zeitpunkt jedoch die meisten lieber zu einer Lesung aus einem Buch, in dem Deutschland sich abschafft[84], obwohl es sich seit 1989 wieder neu erschaffen hat, was sich nirgendwo besser studieren lässt als in Potsdam, das in besonderer Weise Frontstadt zwischen den beiden (!) Deutschland war. Der dominierende Westen scheint immer noch nicht gemerkt zu haben, dass mit dem Osten bzw. mit Orten wie Jena, Weimar, Dresden, Leipzig, Greifswald, Potsdam u.a. etwas hinzugekommen ist, was Deutschland bereichert. Nicht nur der Osten braucht den Westen, der Westen braucht auch den Osten, nicht zuletzt deswegen, um eine Brücke nach Polen und Russland schlagen zu können.

Offenbar grassiert aber bei vielen die Angst, dass die Deutschen heimatlos in ihrem Land werden und das spezifisch Deut-

sche verschwindet: „Das wird man doch noch sagen dürfen". Freilich darf man es sagen, man sollte es aber auch problematisieren: Die Zukunft der Nation ist gerade in Zeiten der Globalisierung eine *demokratische Frage*. Was bedeutet eine staatsbürgerliche Nation? Wie entwickelt sich eine transnationale Nation?

Diese Auseinandersetzungen sind unvermeidlich, wenn man sie nicht obskuren Kräften überlassen will. Man kann sie politisch nicht überspringen, sondern benötigt vielmehr eine *breite* Debatte, die zugleich in die *Tiefe* geht, was sowohl der Dekultivierung politischer Begrifflichkeiten (wie Souveränität, Demokratie, Staat, Solidarität) wie gefährlichen politischen Illusionen (etwa dass Grenzen in der demokratischen Politik keine Rolle mehr spielen) entgegenwirken muss. Politische Nachhaltigkeit ist hier ebenso wichtig wie ökologische. Die weiche (persuasive) Methode wird zum eigentlichen Härtetest.

Auf dem Marktplatz im Schlaatz haben wir 2010 beim alljährlichen Toleranzfest den Sarrazin-Thesen folgende Thesen mit dazugehörigen Informationen und Argumenten gegenübergestellt[85]:

1. Von ‚Überfremdung' durch Zuwanderung kann in Deutschland und Brandenburg keine Rede sein. Der Anteil der Menschen mit Migrationshintergrund in Brandenburg liegt weit unter dem Bundesdurchschnitt. Seit 2008 verlassen mehr Menschen Deutschland als kommen.

2. Brandenburgs periphere Regionen brauchen neue Leute, weil sie von

Alterung und Schrumpfung besonders betroffen sind.

3. Brandenburg muss offener werden. Das Klima in der Region gilt (etwa für große Unternehmen in Potsdam) immer noch als nicht besonders fremdenfreundlich.

4. Deutschland muss offener werden. Laut Allensbacher Institut stimmen 60 Prozent der Deutschen den Sarrazin-Thesen zu, nur 13 Prozent lehnen sie ab.

5. Deutschland kann von Staaten mit erfolgreichen Integrationsstrategien wie zum Beispiel Kanada lernen. Die Kanadier setzen nicht nur auf das Anwerben gut ausgebildeter Fachkräfte, sondern sorgen ebenso für Familiennachzug. Deutschland hat 2012 dank Zuwanderung wieder mehr Einwohner.

6. Integration braucht Zeit und Toleranz, was wir unter anderem aus der Geschichte des Einwanderungslandes Brandenburg-Preußen lernen können[86], von der die Touristenstadt Potsdam noch immer profitiert.

Idee und Praxis eines Toleranzedikts als Stadtgespräch bleiben eine fortwährende Aufgabe, wobei wir mehr noch als von anderen Staaten von *anderen Städten lernen* können. Das neue Toleranzedikt ist deshalb Teil der ‚European Coalition of Cities against Racism', die 2004 auf Initiative der UNESCO gestartet wurde.[87] Zu ihr gehören inzwischen mehr als hundert Städte aus 22 Ländern – Städte von A bis Z, von Aberdeen bis Zürich. Potsdam ist 2006 beigetreten und bekennt sich zu den Zielen des 10-Punkte-

Aktionsplanes. 2011 fand ein Treffen in Potsdam statt, seit 2012 ist hier sogar die Geschäftsstelle der ECCAR angesiedelt.

Im Potsdamer Integrationskonzept steht, dass das Asylbewerberheim im Nedlitzer Lerchensteig *am Rande der Stadt* zu Gunsten einer dezentralen Wohnungsunterbringung *in* der Stadt aufgegeben werden soll. Stattdessen ziehen 150 Flüchtlinge im Sommer 2009 in das einstige Lehrlingswohnheim am Schlaatz. Die zentrumsnahe Unterbringung soll soziale Kontakte fördern und die Teilnahme an integrativen Angeboten erleichtern. Man hegt die Erwartung, „dass Vereine und Organisationen zusammen mit staatlichen Stellen und freien Trägern sowie mit der Ausländerbeauftragten ein Netz der Hilfsbereitschaft und integrativen Aktionen vor Ort aufspannen", so die Sprecherin des ‚Ausländerbeirates', der heute ‚Migrantenbeirat' heißt: „Der multikulturelle Lebensraum am Schlaatz könne als Bereicherung für alle Bewohner der Stadt empfunden werden." Stattdessen setzte schon bald eine öffentliche Stigmatisierung dieses Stadtteils ein. Hier wohnen die meisten Migranten (ca. 10 Prozent) und die meisten Hartz-IV-Empfänger.

Die Potsdamer Wohnungsbaugenossenschaft PBG warnte sogar vor einem Imageschaden für den Schlaatz: „Kommt der Umzug, werden wir unsere Investitionen am Schlaatz und in der Waldstadt neu prüfen." In einem offenen Brief wird unterstellt, dass die Ansiedlung des Flüchtlingsheimes höhere Leerstände verursachen würde, denn es sei ein ‚massiver Eingriff' in die Wirtschaftlichkeit. Die städtische Ausländerbeauftragte sieht in dem Schreiben einen „Stein, der über den Zaun zum Schlaatz flog, ohne die möglichen neuen Nachbarn zu kennen." Die Vorsitzende des Migrantenbeirates spricht von einem „Aufruf zum Rassismus". Ein moderierter Dialog im Bürgerhaus am Schlaatz sollte die Wogen glätten. Das Bürgerinteresse an der Versammlung am 16. Februar war groß: „Weit über 300 Personen kamen und ließen anfangs, wie nicht anders zu erwarten, ihren Emotionen und Ängsten freien Lauf: Anstieg der Kriminalität, mehr Gewalt von Asylbewerbern und gegen sie, mehr Dreck und Schmutz, eine Überlastung von Ausländern im Schlaatz und die Angst, dass der Ruf des Stadtteils noch stärker leidet."[88] Diese Ängste abzubauen und ein Gesamtkonzept für das Wohngebiet zu entwickeln, sollte Ziel weiterer Gespräche sein.

Durch den Umzug des Asylbewerberheims hat der Schlaatz insgesamt mehr Geld bekommen für seine Projekte der guten Nachbarschaft. Am Milanhorst 9 gibt es inzwischen Projekte wie Radio im Kiez, Deutschkurse für die russische Community, afrikanische Gottesdienste, Club für die vietnamesische Community, die Willkommensagentur im Kiez. Am 16. Mai 2013 fand die vierte Nachfolgekonferenz „Nachbarn leben miteinander" im Friedrich-Reinsch-Haus statt – Friedrich Reinsch (1944-2011) war Initiator des Vereins Soziale Stadt wie des Vereins Neues Potsdamer Toleranzedikt. Das Soziale und Liberale kommen hier auf alltagspraktischer Ebene unpolitisch–politisch zusammen.

Man will im Schlaatz bewusst positive Beispiele sammeln und Menschen aller Nationen zu Nachbarn schicken, welche die gleiche Sprache sprechen. Die Menschen im Quartier haben die Kraft zur Integration, wenn sie dabei nicht alleingelassen werden. Dies setzt eine stadtweite Solidarität voraus, was wiederum eine Empathie voraussetzt, die als Minimalsympathie zur Stadtbürgerschaft gehört. Bürgerschaft ist eine horizontale Beziehung mit eigenen Möglichkeiten, Ebenen und Dimensionen. Sie geht in Staatsbürgerschaft nicht auf, die gleichwohl wichtig bleibt. So konnten zum Beispiel 460.000 Ausländer, mithin jeder siebte Berliner (!), am 18. September 2011 bei der Wahl zum Abgeordnetenhaus nicht wählen. Gar keine Rechte haben Millionen ‚Staatenlose' in der ganzen Welt, darunter auch in der EU. Das Thema der doppelten Staatsbürgerschaft ist zudem nach (post) Sarrazin und Buschkowsky[89] (beides Sozialdemokraten) ebenfalls nicht aus der Welt, da hier oft nur vermehrte Möglichkeiten zur Kriminalität gesehen werden. Diese Unterstellung trifft in ausländerfeindlicher Weise die große Zahl der Migranten und Kinder aus binationalen Ehen.

Das Potsdamer Fest für Toleranz findet jedes Jahr in einem anderen Stadtteil statt. Das dritte fand 2010 mitten im Schlaatz unter dem Motto: „Toleranz bedeutet gute Nachbarschaft" statt. Das vierte fand in Potsdam-West statt, das fünfte sollte 2012 in der Waldstadt, zusammen mit dortigen Bürgerinitiativen, organisiert werden. Als jedoch die NPD für den 15. September einen Aufmarsch durch Potsdam ankündigte, wurde dieses traditionelle Fest der ganzen Stadt kurzfristig vor den Hauptbahnhof verlegt, um gleichzeitig die rechtsextremen Demonstranten gebührend empfangen zu können. Mehrere Bündnisse riefen zu Gegendemonstrationen auf. In der Stadt waren Graffitis zu lesen wie: „Am 15. 9. Nazis jagen".

XI. Zivilität und Urbanität

Kann es gelingen, was als eigentliche Idee hinter dem Toleranzedikt als Stadtgespräch steht: Eine Toleranzdiskussion zu führen (z. B. darüber, ob Lärmdemos vor Privathäusern ein legitimes Protestmittel sind) und gleichzeitig das Nicht-Tolerierbare abzulehnen. *Es gelingt*: „Das Neue Toleranzedikt ist ein Pfund, mit dem sich wuchern lässt", schreibt die Märkische Allgemeine am 14. 9., denn es war vor Gericht mitentscheidend dafür[90], dass der Oberbürgermeister als direkt gewählter Repräsentant der *ganzen* Stadt, die Potsdamer dazu aufrufen durfte, zum Toleranzfest zu kommen *und gleichzeitig* ein friedliches Zeichen gegen rechts zu setzen – ein bisher *einmaliger* Vorgang, der am nächsten Städtetag erläutert werden wird. Der Protest blieb friedlich, was ebenfalls nicht selbstverständlich ist bei sehr verschiedenen Gegendemonstranten und einer relativ großen linksradikalen Szene, die sich alle zu ihren eigenen Demonstrationen versammelten. Insofern kann man sagen, dass sich eine ganze Stadt dagegen gewehrt hat, dass Neonazis sie als Aufmarschgebiet benutzten. Der Konsens der Demokraten – ein Fixpunkt des Toleranzedikts – wurde nicht gespalten.

Schon eine Woche nach dem 15. September wurde das evangelische Oberlinhaus in Babelsberg mit dem NPD-Slogan „frei, sozial, national" beschmiert. Dies wiederum zeigt wie vieles andere auch, dass die Auseinandersetzung weitergeht und nie ganz aufhören wird. Sie kann nur im Alltag und mit Argumenten gewonnen (oder verloren) werden. Das Hauptproblem in Brandenburg ist der Alltagsrassis-

mus und die Fremdenunfreundlichkeit, nicht eine rechte politische Partei, die deswegen nicht harmlos wird, da sie offenbar als ‚Durchlauferhitzer' für rechtsterroristische Kräfte dient. Weder Verbote und Blockaden, noch Gesinnungspolizei und politischer Moralismus allein helfen hier allerdings weiter. Deshalb bleibt ein Stadtgespräch, in dem sich immer mehr Leute begegnen und kennenlernen, nötig. Das ist etwas anderes als jemanden zu ‚googeln', bei dem man zwar räumliche, nicht aber zwischenmenschliche Distanzen abbauen kann. Interaktionserfahrungen über längere Zeit schaffen Vertrauen und definieren Verlässlichkeit. Nicht *im* Menschen selber, der unpolitisch ist, sondern in dieser *Zwischen-Menschlichkeit* beginnt bürgerschaftliche Politik.[91]

Auch die neuen sozialen Plattformen ersetzen diese Politik der persönlichen Begegnungen mit Überraschungen nicht. Dabei muss man in die Stadt hingehen, um gleichzeitig *Orte* und *Menschen* kennenzulernen. Nur weil man häufig von *Zivilgesellschaft* spricht, sind die *zivilen Kräfte* noch lange nicht zahlreich und stark genug. Das ist eine Täuschung, der man sich in Deutschland gerne hingibt und die wohl auch die tiefsitzende Scheu vor der direkten Demokratie erklärt, wo letztlich die große Zahl, die man dann allerdings erreichen muss, den Ausschlag gibt. Das Toleranzedikt ist jedoch – quasi als Ersatz dafür – kein *Verhaltenskodex* und kann es auch nicht sein. Codices gibt es genug. Die Verrechtlichung (auch) der Politik ist Signum der modernen Gesellschaften. Sie ist in Deutschland als funktionierendem Rechtsstaat besonders weit gediehen, was positive (emanzipationsverbürgende) und negative (einschnürende) Seiten hat. Bei allem, worum es uns hier zu tun ist, geht es letztlich um eine starke Basis für eine anspruchsvolle zivile Demokratie. Dafür sind immer mehrere Bezüge der politischen Theorie relevant, die ein Maß bilden können, welches nicht zur Maßlosigkeit verleitet.

Beim Toleranz-Thema in all seinen Facetten[92] - von ‚Aushalten' über ‚Indifferenz', ‚Offenheit', ‚Neugier', ‚Aufmerksamkeit' bis ‚Respekt' – handelt es sich um einen permanenten Gesprächsprozess über die Notwendigkeit, Reichweite und Grenzen von Codices (Verhaltensregeln). Das Gewicht dieses Prozesses sollte man stärker in verbindliche Demokratie, für die zudem mehr Räume und Zeit zu schaffen sind, umsetzen können. Zivilität *ohne Pedanterie* und *Besserwisserei* bildet freilich immer einen schwankenden Boden, denn sie hat buchstäblich mit Bildung im weiten Sinne des Wortes zu tun.

Zivilität definieren wir als Kombination von Freiheit und Einschränkung. Dabei geht es um eine *Selbst*zivilisierung größtmöglicher Freiheit, wobei der Zielkonflikt zwischen Selbstverwirklichung und Selbstbeschränkung nicht auszuräumen ist. Zivilität bedeutet Zuständigkeit für Zivilisation als Praxis, deren Standards, die nicht unterschritten werden dürfen, sich durch historische Erfahrungen vielfältig verändert haben. Nach dem 2. Weltkrieg und als Folge davon leben wir im Zeitalter der Menschenrechte.[93] In alltäglicher Münze beweist sich Zivilität in den Städten als urbane Tugenden und Kompetenzen, die mit den Herausforderungen wachsen – challenge and response. Zivilität und Urbanität wachsen aneinander. Bei diesen ‚Tugenden' geht es mehr um *Fähigkeiten* als um Moral im üblichen Sinne. Toleranz, die nicht statisch ist, gehört dazu. Die Alternative besteht im Zynismus, der ohnehin als Reaktionsform verbreitet ist. Gegen Resignation (als Gegenteil von Praxis) und Zynismus (als Gegenteil von Moral) muss man jedoch zunächst einmal selber ankämpfen, da sie *im Selbst* beginnen und dieses verändern. Wie aber lässt sich Toleranz mit Solidarität, die mehr als Großzügigkeit ist, verbinden (ein Fixpunkt des Toleranzedikts)?

Was jedoch nicht heißt, dass wir Großzügigkeit geringschätzen, denn sie weist eine Affinität zur Toleranz auf. Großzügigkeit von jedermann und jeder Frau ist im Unterschied zu Geiz, Kleinlichkeit (Pedanterie) und Engstirnigkeit ein sympathischer Charakterzug. „Wahre Großzügigkeit hat ihre Pointe weniger im Geben als vielmehr im Lassen."[94] Großzügigkeit, Toleranz, Glaube, Hoffnung, Aberglaube, Skepsis folgen in Seels moderner Übersicht über die Tugenden nicht zufällig aufeinander. Der *Glaube* an die Demokratie ist ebenso ein Glaube an die *Kraft* der Toleranz. An dieser Stelle erkennt man wieder, dass Toleranz zwar weich, aber nicht schwach ist. Sie hat sogar Kraft, sie braucht aber auch Kraft, die endlich ist und versiegen kann.

Deshalb vor allem sind ebenso stets die *Grenzen* des Erträglichen zu beachten, da Leben, Gesundheit, Kraft und Leidenschaft endlich sind. Die Grenzenlosigkeit ist inzwischen eher das lebenspraktische Problem als fix oder autoritär gesetzte Grenzen, die in anderen Ländern, vor allem für Frauen und Kinder, das Leben immer noch unerträglich begrenzen. Achtsamkeit, Behutsamkeit und Rücksicht sind also gefragt. Sie fehlen in Seels instruktiver Liste.[95] Außerdem fehlt die *Verblüffungsresistenz*, die in einer Medien-, Konsum- und Erleb-

nisgesellschaft geradezu überlebensnotwendig wird, um urteilsfähig zu bleiben.

Die Schwierigkeiten liegen in der Gegenwart, beim Urteilen und Handeln. Vielsagend ist tatsächlich, worüber man sich wundert (und worüber nicht) und was man tut – die ‚gute Handlung'. Sie allein zählt. Urteils- und Handlungsfähigkeit stehen im Zentrum *politischer* Aufklärung. Sie sind wichtiger als viele Tugenden, woran man sieht, dass man ‚Tugend' nicht ‚allzu moralisch' verstehen sollte, weswegen das Wort für viele ja auch veraltet klingt. Der Tugendfuror, den schon die Lehrer unserer Lehrer gelehrt haben, hat nicht viel geholfen. Urteils- und Handlungsfähigkeit hingegen helfen weiter in einer Zeit, in der vieles taumelt und manches (im positiven wie negativen Sinne) möglich scheint. Gleichwohl bedeutet Tugend und Tugendethik, wie in unserem Text hoffentlich deutlich geworden ist, nicht einfach *Tugendfuror* und schon gar nicht *Tugendterror*. An dieser Stelle greift auch das eher abschätzig gebrauchte Wort 'Volkspädagogik' nicht.

XII. Solidarität im beschleunigten Wandel

Die Frage, was eine moderne Gesellschaft zusammenhält, beschäftigt die Soziologie seit jeher. Es ist ihre Gründungsfrage in Frontstellung sowohl zum Marxismus wie zum ökonomischen Utilitarismus. Der französische Soziologe Durkheim (1858-1917) ging davon aus, dass sich die Betonung liberaler Werte und sozialer Zusammenhalt nicht ausschließen.[96] In modernen Gesellschaften geht es ihm zufolge vielmehr darum, auf der Grundlage eines moralischen Individualismus, der zur Leitnorm wird, gemeinsame Ziele zu verwirklichen. Das ist die schwierige Aufgabe politischen Handelns, welches gleichzeitig wertorientiert, zielbewusst und verfahrensinnovativ ist.

Die gesellschaftliche Moral heißt bei Durkheim – gemäß der französischen Bewegung des ‚Solidarismus', welche die 3. Republik mitbegründet hat – *Solidarität*.[97] Wenn diese Kohäsionskraft versagt, entsteht eine anomische Situation. Die Aktualität von Durkheims Gedanken besteht nun darin, dass für ihn mit der rasanten Entwicklung der Arbeitsteilung (Differenzierung) nicht zwangsläufig eine Entsolidarisierung einhergeht, vielmehr verändern sich die *Formen* der Solidarität. Durkheim spricht vom Übergang einer ‚mechanischen' zu einer ‚organischen' Solidarität, welche die Rechte und Würde der Individuen geradezu in einer ‚Zivilreligion der Menschenrechte' (unser Ausdruck) anerkennt. Das ist sozusagen die höchste Ebene der Solidarität, die alles und alle zusammenhält. Was passiert indessen, wenn sich der Wandel beschleunigt (Akzeleration), wovon wir ausgegangen sind?

Durkheim setzte noch modernisierungsoptimistisch auf eine Remoralisierung der Gesellschaft im aufgeklärten Sinne – auf *die* Solidarität als Moral der *ganzen* Gesellschaft bzw. auf eine *solidarische Republik* im französischen Sinne. Inzwischen wird vermehrt von Werteverfall gesprochen, und es grassiert nicht nur ein Steuerungsskeptizismus, sondern vor allem auch ein Vernunftdefätismus. Kann sich ein aufgeklärter Common sense der Bürger und Bürgerinnen noch demokratisch bilden? Das ist die Frage, denn er existiert nicht a priori. Stattdessen sind kompensatorisch ‚governance' und ‚Management' betriebsam in Mode. Dieser Hyperaktivismus, der zur Selbstlegitimation von Politik geworden ist, zerstört oft mehr als er aufbaut. Anschlussfähigkeit und Substanzerhalt werden nicht gleichzeitig gewährleistet. Man denke nur daran, was aus der Idee der Universität geworden ist.

Während Durkheim die aus den verschiedenen Geschwindigkeiten der ökonomisch-technischen und der moralisch-politischen Ebene der Modernisierung entspringende Anomie als *vorübergehende* Erscheinung verstand, so erscheint heute „eine Resynchronisierung zwischen Akteurs- und Systemebenen (…) unmöglich."[98] Insofern ist die Anomie bzw. Orientierungslosigkeit alltäglich geworden. Damit sind wir wieder bei den *Zeitverhältnissen* der Moderne, die für viele das eigentliche Problem darstellen, und zwar sowohl für das einzelne Subjekt als auch für die demokratische Politik. Es stellt sich deshalb die Frage, wie die verschiedenen (teilgesellschaftlichen) Geschwindigkeiten miteinander abzustimmen sind, und wie sich unter diesen Bedingungen noch stabile Identitätsmuster aufrechterhalten lassen?

Subjekt und System fallen auseinander. Wenn Solidarität weiterhin ein integrierendes Konzept bleiben soll, wird daher eine *plurale Solidarisierung* erforderlich.[99] Diese bezieht sich gemäß den verschiedenen *Zeitschichten*, die Koselleck herausgearbeitet hat[100], auf *drei* Dimensionen geschichtlicher Zeit:

- die ‚ultimate values' einer modernen westlichen Gesellschaft mit langer Lebensdauer, denken wir nur an die Erfolgsgeschichte der amerikanischen Verfassung oder des Grundgesetzes;

- die intergenerationellen Wiederholungen und institutionellen Vermittlungen der Werte in Familien, Schulen und Staat, was Hegel ‚Sittlichkeit' nannte, sowie

- die überraschende Einmaligkeit von Ereignissen bzw. die heutige Wucht der Ereignisse in der Medien- und Informationsgesellschaft.

Die Resynchronisierung der verschiedenen Zeitschichten ist nicht mehr möglich. Eine *entgrenzte Beschleunigung im neoliberalen Sinne* gefährdet indessen den gesellschaftlichen Zusammenhalt. Das wird gegenwärtig sichtbar an den Folgen der Krise, die außer Kontrolle geraten sind. Das wiederum könnte man korrigieren, sofern man zur Selbstkritik fähig wäre. Vorausgesetzt dafür ist allerdings eine glaubwürdige politische Kommunikation einschließlich der ökonomischen und politischen Kritik, wozu auch die Wissenschaft beitragen muss.

Als Korrektiv schlagen wir vor, drei Solidaritätstypen[101] zu unterscheiden und miteinander zu kombinieren. Der obersten Werte- und Solidaritätsebene entspricht eine *universalistische Zivilreligion der Menschenrechte*, worauf wir im nächsten Kapitel eingehen. Diese Ebene ermöglicht weitere Solidaritätstypen, z. B. die ‚niedrige' Solidarität in Gemeinden, Nachbarschaften, Vereinen und Institutionen, wovon noch einmal die (nicht-verrechtlichte) ‚spontane' Solidarität angesichts unerwarteter Schicksalsschläge zu unterscheiden ist.

XIII. Zivilreligion der Menschenwürde

Die Wertedebatte bezieht sich gewöhnlich nur auf die oberste Ebene sowie vor allem die Einheitlichkeit und Hierarchie dieser Werte.

Wertediskurse werden heutzutage ausgiebig geführt, was ebenso ein Krisensymptom ist, das zur Entwertung der Werte beiträgt, wenn es nicht gelingt, präzise und verbindlich über Werte zu sprechen. Wie erreicht man dies? In welcher Sprache? Mit welcher Methode? Die *bürgernahe Sprache der Werte* hat Vor- und Nachteile. Der Wertediskurs kann kompensatorisch abheben und ideologisch werden. Er kann aber auch – potentiell von allen – *erfahrungsbezogen* und *demokratisch* überprüft werden. Ineins damit kann sodann genauer und differenzierter über *Rechte*, die einklagbar sind, *Tugenden*, die als Dispositionen wirken, sowie aktuelle *Aufforderungen* zu einem bestimmten Verhalten gesprochen werden. Dies wäre ein wünschenswerter Zustand exoterischer praktischer Philosophie. Das Toleranzedikt als Stadtgespräch ist ein Experiment einer solchen Praxis *mit* der Stadt und *für* die Stadt.

Obwohl es einen inflationären Wertediskurs gibt und man folglich vorsichtiger mit diesen Begriffen umgehen sollte, kann von einer ‚Tyrannei der Werte' nicht gesprochen werden. So hieß der inzwischen oft kopierte Titel eines berühmten Vortrags von Carl Schmitt 1959 im Kloster Ebrach.[102] Dies war der Auftakt zu einer Kritik an der Rechtsprechung des Bundesverfassungsgerichts, welches nach Schmitts Gegenspieler Hans Kelsen ‚Hüter der Verfassung'[103] sein soll: „Das Gericht hätte in frühen Entscheidungen festgestellt, das Grundgesetz enthalte mit dem

Vorrang der Menschenwürde, seinem Grundrechtskatalog sowie der ‚Ewigkeitsklausel' eine materiale Wertordnung, an die alle Staatsgewalten gebunden seien".[104] Bernd Rüthers stellt in seinem Aufsatz „Die Werte der Tyrannei" fest, dass die ‚Tyrannei der Werte' ausgerechnet „von denen als rechts- und verfassungstheoretisches Unheil gebrandmarkt wurde, die während des NS-Regimes engagiert die Grundwerte des Tyrannen legitimiert und bekräftigt hatten. Davon durfte allerdings in Ebrach nicht gesprochen werden. Die vermeintlich von der Rechtsprechung des Bundesverfassungsgerichts drohende ‚Tyrannei der Werte' war ihnen anstößiger als ihre Rolle bei der Verwirklichung der ‚Werte der Tyrannei' im totalen Staat."[105]

Zu diesen Werten gehörte der Vorrang des Militärischen vor dem Zivilen, des Soldatischen vor dem Bürgerlichen, des ‚elitär Männerbündlerischen' (Nicolaus Sombart) vor dem ‚Weiblichen'. Es dominierte eine Unkultur des Gehorsams und der Pflichterfüllung vor dem eigensinnigen individuellen Glück. Dies war der genaue Gegenentwurf zur liberal-lockeschen Werte-Triade ‚Leben, Freiheit und das Streben nach Glück', die man nicht marxistisch auf das ‚Eigentum' (property) reduzieren kann, obwohl dieses im Besitzindividualismus eine große Rolle spielt.

Als eine „deutsche Wahrheit" bezeichnet deshalb Christian Graf von Krockow, der die preußische Geschichte von außen wie von innen kennt, den Satz von Ernst Jünger: „Das tiefste Glück des Menschen besteht darin, dass er geopfert wird, und die höchste Befehlskunst darin, Ziele zu zeigen, die des Opfers würdig sind."[106]

Krockow zitiert ebenso den Philosophen Max Wundt, der im Sinne damaliger Professoren-Philosophie „den Gegensatz zwischen deutschem und demokratischen Geist damit erklärt, dass es einen grundsätzlichen (…) Unterschied ausmache, ob man dem einzelnen oder dem Staat einen ursprünglichen Wert zuschreibe." Trifft das zweite zu, muss „die Persönlichkeit herrschen, nicht die Vielzahl."[107] Im Programm der NSDAP Hitlers von 1920 hieß es im Übrigen unmissverständlich: „Staatsbürger kann nur sein, wer Volksgenosse ist. Volksgenosse kann nur sein, wer deutschen Blutes ist, ohne Rücksicht auf Konfession. Kein Jude kann daher Volksgenosse sein." Zur Vielzahl gehört die Pluralität. Mit beidem muss die (Massen-)Demokratie umgehen können.

Solche ehemals dominanten Werte können die Grund- und Menschenrechte heute nicht mehr übertrumpfen. Werte spielen generell eine gewichtige sozialisierende Rolle. Wenn die Toleranz heute, was ein Freiheitsgewinn ist, als Wert markiert und in den Wertekanon aufgenommen wird, was in der ‚materialen Werteethik' noch nicht der Fall war[108], so kann sie demokratisch und mäßigend wirken. Lebenspraktische Überzeugungen haben sich dadurch verändert und verändern sich weiterhin. Darum geht es hier. Toleranz eignet sich weder für die ‚Tyrannei der Werte' noch für den ‚Tugendterror', was ganz besonders für sie spricht. Im Zusammenhang mit Debatten über ‚political correctness', was gesagt werden darf und was nicht, wird heute bisweilen kritisch von ‚Tugendterror' gesprochen. Diese Redeweise ist ebenfalls eine fragwürdige Übertreibung, wenn man das historische Gewicht der verwendeten Wörter bedenkt.

Der Tugendterror war (und ist) mit überlegter realer Grausamkeit verbunden[109], auch und gerade von Revolutionären wie Robespierre, Lenin, Trotzki und vielen anderen. Rosa Luxemburg muss man hier ausnehmen[110]. Die liberale Demokratie mit ihren Schwierigkeiten, eine soziale Demokratie zu sein, kann zwar nicht immer das Beste erreichen, aber sie muss fähig sein, wenigstens das Schlimmste zu verhindern. Nur so kommt sie aus dem Kreislauf von Gewalt und Gegengewalt heraus, woran man hart und geduldig arbeiten muss. Der Gewaltverzicht gehört grundlegend zur *zivilen Politik* (im Unterschied zu Idealpolitik und Realpolitik, um eine Unterscheidung von Ernst Vollrath aufzunehmen). Hingegen kann sehr wohl von einem verbreiteten *Moralismus* gesprochen werden, bei dem die Gesinnung über die Urteilskraft triumphiert.[111] Das beschädigt auch die Tugenden, welche die praktische Urteilskraft als ihre Zentraltugend benötigen. Vom Moralismus gibt es eine *billige* Variante, welcher von den Boulevard-Medien sowohl bedient als auch verstärkt wird. Bei ihm werden die Menge zur Meute und der Schwarm zum Souverän. Montesquieu würde erschauern. Oft ist hier die Skandalisierung der eigentliche Skandal und nicht so sehr der skandalisierte Vorfall selber. Es gibt verschiedene Formen der Empörung. Der reflektierte Moralist hält Distanz auch zu falscher Empörung, die für Kampagnen und Shitstorms instrumentalisiert wird.

Der Moralismus kann aber auch übertrieben *streng* sein und die Menschen im ‚Zwangscharakter' einer strengen Pflichtenethik erdrücken. Der deutsche Protestantismus tendiert gelegentlich zu einer solchen ‚Pfarrhaus-Republik' (Joffe). Die Moral tritt dann in einen Gegensatz zum Glück und den Spielräumen der Einzelnen. Eine selbstbewusste Toleranz, die urteilsfähig bleibt[112], ist ein Korrektiv gegenüber übertriebenem Moralismus sowohl der billigen wie rigiden Variante. Dass sie auch gegen eine überzogene Verrechtlichung eintreten kann, ist demgegenüber schon fast wieder eine überzogene Hoffnung. Gewiss aber kann man die politische Ethik des ‚Empört Euch!' von einem Moralismus unterscheiden, der keine kritische Distanz hält zum Einsatz von Moral. Der gut begründete zivile Ungehorsam reagiert auf Menschenrechtsverletzungen (Gandhi hatte in London studiert) und nicht eingehaltene Versprechen der Moderne wie etwa die Inklusion, die hier nicht als pädagogisches Konzept, sondern als soziologischer Gegensatz zur Exklusion verstanden wird.

Werte sind freilich nicht in einem axiomatischen Wertehimmel festgemacht. Sie werden von Menschen selbst gebildet und bleiben im Konflikt der wissenschaftlichen Interpretationen und politischen Auseinandersetzungen. Werte sind aber auch nicht bloß Ausdruck bestimmter Interessen und Neigungen. Vielmehr sind sie das Ergebnis des menschlichen Willens zur *Selbstgestaltung des eigenen Lebens.* Wenngleich also Werte nicht absolut sind, so gibt es doch keinen Grund, einem Werterelativismus à la Max Weber das Wort zu reden. Der Mensch muss sich nicht für oder gegen einen bestimmten Wert ‚entscheiden', ohne dass er hierfür eine rationale Grundlage hätte; vielmehr bestimmt die Orientierung oder Nicht-Orientierung an Werten darüber, ob er die Stufe des Naturwesens verlassen und in den Prozess der Selbstgestaltung des eigenen Lebens eintritt. Erst dies macht den Menschen zu einem geschichtlichen Wesen. Wertgeltung ist geschichtliche Geltung. Diese Geltung

ist niedergelegt in bestimmten Traditionen. Freilich muss man sich davor hüten, diese Traditionen monistisch zu verstehen, da sie immer wieder aufs Neue aktualisiert, verändert und vermischt werden.

‚Werte' können gegen ähnliche Begriffe wie ‚Wünsche' oder ‚Normen' abgegrenzt werden. Hans Joas hat darauf verwiesen, dass es sich bei Werten um „emotional stark besetzte Vorstellungen über das Wünschenswerte" handelt.[113] In der Tat sind Werte mehr als bloße Wünsche – der Grund hierfür liegt aber nicht in ihrer stärkeren emotionalen Intensivität, also einem bloß empirischen Sachverhalt, sondern umgekehrt darin, dass die Orientierung an Werten auf der Fähigkeit des Subjekts zur Selbstdistanzierung der heteronom vorgegebenen Neigungen und Triebe beruht, während Wünsche lediglich Ausdruck eben derselben sind.

Weiterhin sind Werte auch etwas anderes als *Normen.* Normen sind restriktiv (einschränkend), während Werte attraktiv (anziehend) sind. Sie erweitern als Attraktoren den Radius unseres Handelns. Werte sind handlungskonstitutiv und damit auch identitätskonstitutiv, insofern sich eine menschliche Identität prozesshaft durch Handeln bildet und nicht einfach vorgegeben ist. *Werte* sind mithin grundlegend auf ein Selbst bezogen, das eine narrative Identität aufweist, die nur in Geschichten erzählt werden kann. Sie entstehen in *Erfahrungen der Selbstbildung* und verändern sich durch individuelle wie historisch-kollektive Erfahrungen.[114]

Demgegenüber fragt sich die moderne Gesellschaftstheorie, ob es überhaupt noch gemeinsame Wertgrundlagen und unverzichtbare Normen gibt.[115] Bisher haben wir von *Tugenden* und *Werten* gesprochen. Normen definiert Luhmann „als Formeln für kontrafaktisches Erwarten."[116] „Hier ist die Leitunterscheidung dann nicht Tatsachen/Normen sondern Lernen/Nichtlernen. Die übliche Redeweise, die auf ‚Sollen' abstellt und von ‚Geltung' spricht, wird dann begriffen als Ausdruck für das *Recht* zur Lernverweigerung, zum Durchhalten von Erwartungen auch für den Fall, dass sie enttäuscht werden. Aber es handelt sich immer um tatsächlich vorkommende und feststellbare Erwartungen, also im Sozialsystem der Gesellschaft um Sachverhalte, die man an empirisch erkennbaren Kommunikationen abgreifen kann. Und dann wird es auch zu einer Faktenfrage, ob die Kommunikation ‚unverzichtbarer Normen' in einer Gesellschaft Erfolg hat oder nicht, wovon dies abhängt und welchen Belastungsproben (Fall: Terroristen besitzen Atombombe!) die Akzeptanz einer solchen Norm gewachsen ist."[117]

Luhmann fragt nun auf herausfordernde Weise, mit welchen Mitteln das Rechtssystem die Unverzichtbarkeit von Normen begründen kann, die in einer dynamischen Gesellschaft, die ständig alles zur Disposition stellt, keineswegs mehr *selbstverständlich* sind. Gibt es das Selbstverständliche überhaupt? Mussen wir es nicht unterstellen, um leben und handeln zu können? Darauf spielt der Begriff ‚Zivilreligion' an, die eine Religion der Bürger (und nicht der Kirchen und Theologen) ist. Die ‚ewige Wiederkehr' des Naturrechts ist ein Kandidat für unverzichtbare Normen. Bei Aristoteles bezieht sich das Naturrecht noch auf einen teleologischen Naturbegriff. Das heißt: Die Natur selber verfolgt Ziele, die sie auch erreicht. Die Moderne, welche die Natur dagegen zum Objekt macht, geht von einem anderen Naturbegriff aus. Die ökologische Krise kann diese Auffassung wieder revidieren. Aber selbst wenn wir uns an der Natur orientieren würden – was heißt *die* Natur? Was heißt ‚natürliche Ordnung'? Selbst die Konservativen haben heute ernsthafte Schwierigkeiten, diese zu definieren, sogar in Bezug auf die heilige ‚Familie', die ‚Keimzelle' des Staates sein soll.

Das Naturrecht als übergeordnetes Recht überlebt den Übergang zum Konstitutionalismus als Politikform. Naturrecht und Verfassungsrecht, ja selbst die ‚Unveräußerlichkeit der Menschenrechte' in den Staaten Nordamerikas Ende des 18. Jahrhunderts schließen sich nicht aus, obwohl diese Staaten noch die Sklaverei kennen.[118] Die politische Anpassungsfähigkeit des Naturrechts ist auffällig, was sich auch an der Geschichte des Widerstandsrechts ablesen lässt: „Jedenfalls ergibt sich aus dem historisch erschließbaren Sinn von Naturrecht nichts, was unsere Frage nach der Geltung unverzichtbarer Normen in der heutigen Gesellschaft beantworten könnte."[119]

Ebenso wenig wie das *Naturrecht* sind *Werte* für den Systemtheoretiker Luhmann geeignet, Orientierung zu stiften, obwohl sie gerade dafür ständig angerufen werden. Sich auf Werte zu berufen sei zu einfach, denn sie gelten unbegründet, und es gibt sie wie Sterne am Himmel.[120] Deshalb zeichnet man einige *Grundwerte* aus, die Luhmann treffend als *Zivilreligion* bezeichnet.[121] Dabei handelt es sich um „Traditionsbegriffe wie Freiheit, Gleichheit, Gerechtigkeit, Sicherheit, Würde, Wohlfahrt, Solidarität."[122] All diese Begriffe haben eine eigene, zum Teil noch sehr junge Geschichte, die sich mit dem Übergang zu einer modernen funktional differenzierten Gesellschaft ändert.

Der Geltungsmodus dieser zivilreligiösen Begriffe ist implikativ. Das heißt: er wird als *selbstverständlich* unterstellt, obwohl diese Selbstverständlichkeiten (wir sagen auch Fixpunkte) einer *spezifischen* historischen Erfahrung und ihrer Verarbeitung entspringen. Fixpunkte sind nicht fest, sie werden fixiert oder sind fixiert, womit sie Koordinaten auf der Landkarte unserer Orientierungen bilden. „Es gibt freilich Rechtfertigung, aber die Rechtfertigung hat ein Ende."[123] Und: „Der Zweifel kommt *nach* dem Glauben."[124]

Es gibt mithin unterschiedliche Zivilreligionen, nationale (etwa die polnische der 'Heimatarmee') und politische (z. B. die Sozialdemokratie mit ihren Grundwerten ‚Freiheit', ‚Gerechtigkeit' und ‚Solidarität'[125]), die paradoxerweise Historisches in moralisch-politischer Zeitgenossenschaft zu fixieren versuchen. Dies ist bestenfalls ein aufgeklärter Common Sense, der von grundlegender Bedeutung für den Patriotismus der Freiheit und die Demokratie ist. Man kann sogar von einer ökumenischen Weltzivilreligion der Menschenrechte *seit 1948, nach* den Katastrophen des 2. Weltkrieges, sprechen. Solche Abstufungen der Zivilreligion sind in *einer* Person und *einer* Nation möglich.

Die Beschwörung der Werte hat allerdings ihre eigenen Schwierigkeiten. Was geschieht zum Beispiel bei Wertekonflikten und Wertekollisionen? „Es gibt keine festliegende hierarchische (transitive) Ordnung derart, dass bestimmte Werte bestimmten anderen immer vorzuziehen sind, Freiheit auf alle Fälle wichtiger ist als Sicherheit, Frieden immer wichtiger ist als Freiheit, Gerechtigkeit immer wichtiger als Frieden usw. Die Vorziehensfrage ist nur mit Bezug auf den passenden Gegenwert vorentschieden (Frieden ist besser als Krieg), nicht aber mit Bezug auf die widerspruchsvollen Anforderungen unterschiedlicher Wert/Unwert-Unterscheidungen. Verschiedene Werte schließen einander wechselseitig nicht aus, sie lassen daher immer auch das Hinzufügen neuer Werte zu. Sie bleiben somit allesamt verfügbar als Orientierungsgesichtspunkte im System. Darauf gründen Werttheoretiker ihre Hoffnung auf Stabilität. Wertkollisionen bleiben auf Einzelfälle beschränkt. Aber genau das sind die Fälle, in denen Werte ihre praktische Relevanz erweisen müssen. Sie verlieren ihren direktiven Wert genau dann, wenn er benötigt wird. Und ebenso umgekehrt: da Entscheidungen immer und nur fällig sind, wenn Werte konfligierende Anforderungen stellen (weil anderenfalls die Entscheidung schon entschieden wäre), bleiben die Entscheidungen selbst ungeregelt."[126]

Interessant ist ferner der Hinweis, dass bei der Ausweitung der Menschenrechte, ihrer Inflationierung und Ideologisierung, analoge Probleme wie beim Wertekonzept auftreten.[127] Erschreckend ist indes das „Ausmaß an Verletzungen von Mindestanforderungen an Menschenwürde."[128] Deshalb wird empfohlen, die Menschenrechtsdiskussion auf die Probleme der Verletzung der *Menschenwürde* nicht nur einzuschränken, sondern – was die Unrecht*erfahrungen* angeht – sogar zu verschärfen.[129] Verschärfen bedeutet zweierlei: die ‚colère publique' (Durkheim) anstiften im Sinne von ‚Indignez-vous'[130], als auch Staaten zu verantwortlichen Adressaten der menschenrechtlichen Imprägnierung der Souveränität zu machen – ganz so, als ob der „Normsinn durch sakrale Mächte gedeckt" sei.[131]

Deutlicher kann man die Zivilreligion der Menschenwürde als Fokus und Fundes, grundlegende Menschenrechte zu fordern und die Politik der Staaten zu ändern, nicht artikulieren. Durch sie werden kontrafaktische Erwartungen, das heißt unverzichtbare Normen nicht nur zum Ausdruck gebracht, sondern gegen Widerstände festgehalten und politisch durchgesetzt. Es ist dies der Weg von den Grundwerten als Zivilreligion (der Diskussion in den 70er Jahren) zur Zivilreligion der Menschenwürde seit den 90er Jahren. Im EU-Rahmen lässt sich dieser Prozess, der unumkehrbar scheint, belegen.

Die Grundrechte spielten bei der Unterzeichnung der EWG-Verträge 1957 und der EG-Verträge 1965 noch keine nennenswerte Rolle: Der EG-Vertrag bezog sich hauptsächlich auf *wirtschaftliche Grundrechte* wie zum Beispiel die Arbeitnehmerfreizügigkeit, die Dienstleistungsfreiheit und die Warenverkehrsfreiheit.[132] Darüber hinaus sollte aber ein Kontrollmechanismus zur Sicherung der bürgerlichen Grundrechte auf europäischer Ebene in Gestalt der Europäischen Menschenrechtskonvention (EMRK) eingebaut werden. Im Vertrag von Maastricht Anfang der 1990er Jahre, der einen entscheidenden Durchbruch in der europäischen Integration bedeutete, bindet sich die EU in Artikel 6 rechtlich an die EMRK. Der Europäische Gerichtshof (EuGH), ohnehin ein Motor der beschleunigten transnationalen Integration, stellte jedoch 1996 fest, dass die Selbstbindung der EU an die Europäische Menschenrechtskonvention nicht ohne weitere Vertragsänderungen möglich ist. Seitdem geht das Änderungstempo, welches dem Métier der Juristen und Bürokraten unterliegt, über die Köpfe und Herzen der Menschen hinweg. Ein gefährlicher Utopismus

der Technokratie ist hier zuweilen am Werk. Auf dem Kölner Gipfel 1998 kam die Idee zur Ausarbeitung eines eigenständigen EU-Grundrechtekatalogs auf die Tagesordnung.

Die Gründe hierfür waren:

(1) die Erhöhung der Rechtssicherheit für die einzelnen Bürger;

(2) die hohe Symbolkraft für eine EU, die nicht nur eine Wirtschaftsgemeinschaft sein will; sowie

(3) die Möglichkeit, neue Grundrechte zu implementieren in Bezug auf Daten, Medizin und Umwelt.

Die Grundrechte sind Kernbestandteil einer jeden Verfassung. Der schnelle Erfolg des Grundrechtekonvents war deshalb ein Motiv, den europäischen Verfassungskonvent einzuberufen, der 2002/2003 tagte. Der Kampf um Verfassungspositionen ist für freie Bürger von grundlegender Bedeutung. Deshalb wird noch heute in Deutschland und Frankreich um die Gleichstellung homosexueller Paare mit solcher Heftigkeit gestritten. Die Grundrechte sind dabei ebenso symbolisch wie instrumentell von Bedeutung, insbesondere für die *einzelnen* Bürger und Bürgerinnen, die dafür allerdings Anwälte und politische Unterstützung brauchen.

Der Grundrechtekonvent nahm 1999 seine Arbeit auf und tagte insgesamt 18 Mal. Die Charta wurde später als Teil II vom Konvent in den Verfassungsentwurf aufgenommen. Sie enthält eine eigene Präambel und sechs Kapitel über die Würde des Menschen, die Freiheiten, die Gleichheit, die Solidarität, die

Bürgerrechte und die justiziellen Rechte. An erster Stelle steht die Würde des Menschen als Kern der deutschen Zivilreligion des Grundgesetzes mit dem *Gebot*, diese Würde zu achten und zu schützen. Gerade dieser Artikel bietet nach Auffassung seiner ‚Väter' das Potential, die Charta zu einem ‚living instrument' werden zu lassen, um den Schutz der Menschenrechte zu stärken.[133] Dabei wird explizit auf Kant verwiesen.

Kant geht, anders als etwa der liberale Vordenker Locke, von der bedingungslosen und unverwirkbaren Absolutheit einiger grundlegender Rechte aus: „Denn vernünftige Wesen stehen alle unter dem Gesetz, dass jedes derselben sich selbst und alle anderen niemals bloß als Mittel, sondern jederzeit zugleich als Zweck an sich selbst behandeln solle".[134] Kant spricht von der „Idee der Würde" und unterscheidet zwischen Preis (Marktpreis, Affektionspreis) und Würde: „Was einen Preis hat, an dessen Stelle kann auch etwas anderes als Äquivalent gesetzt werden; was dagegen über allen Preis erhaben ist, mithin kein Äquivalent verstattet, das hat eine Würde".[135] Daraus lässt sich ein Instrumentalisierungs*verbot* ablesen. [136]

Im Konvent herrschte Konsens darüber, dass *diese* Hierarchisierung die wichtigste Wertentscheidung der Charta war, da sie maßgeblich für die Auslegung der weiteren Grundrechte sein wird. Die Menschenwürde, die egalitär und demokratisch verstanden wird, hat nämlich in Verbindung mit sozialen Rechten, die im Konvent (und nicht nur dort) am meisten umstritten waren (und sind), einen Ermöglichungsaspekt sowie in Verbindung mit den Freiheiten einen Begrenzungsaspekt.[137] Sie dient mithin der Zivilisierung, nachdem Zivilisa-

tionszusammenbrüche („auf dem Weg der europäischen Zivilisation") zu historischen Tatsachen geworden waren.

Von dieser Erfahrung ist deshalb als phänomenologisch ‚absoluter Erfahrung' auszugehen, um zumindest aus Angst vor Rückschlägen sowie mit Selbstbewusstsein und Lebensklugheit die Mindeststandards von Zivilität erhalten zu können. Bei aller Metaphorik der ‚tabula rasa' stehen dennoch bewährte Traditionen und Konventionen zur Verfügung, an die man anknüpfen kann. Neu und ergänzend ist zudem die (französische) ‚solidarité' und (deutsche) ‚Solidarität', welche die ‚Brüderlichkeit' ersetzt und operationalisiert hat. In Frankreich hat dies mit dem Verständnis von *Republik* zu tun, in Deutschland mit *sozialer* Marktwirtschaft. In beide Wertbegriffe – *Menschenwürde* und *Solidarität* – sind neue gesellschaftliche Erfahrungen und deren Verarbeitung eingeflossen.

Die Grundrechtecharta bildet durchaus ein Verfassungselement eigener und neuer Art, das über die angloamerikanisch initiierte Form der Bill of Rights, welche in der Tradition John Lockes die Rechte des einzelnen Menschen gegenüber dem Staat auflistet, hinausgeht.[138] Unter den handlungsorientierenden Prinzipien finden wir nicht nur Freiheit und Gleichheit, die in der westlichen Tradition generell verankert sind, sondern eben auch Menschenwürde und Solidarität, mit denen Schlussfolgerungen aus spezifisch europäischen Erfahrungen – vor allem aus der historischen Krise des Liberalismus, der Weltwirtschaftskrise, den zahlreichen autoritären und totalitären Gesellschaftsexperimenten des 20. Jahrhunderts – gezogen worden sind. Der Autoritarismus mit seiner Herrschaftszentriertheit des Politischen ist heute der eigentliche Gegenspieler einer Demokratie der Bürger, und Bürgerinnen die sich weiterentwickeln muss, um den gegenwärtigen Herausforderungen gewachsen zu sein (challenge and response).

Dies verdeutlicht, wie Werte in positiver Weise handlungsleitend und unterschiedsetzend sein können, wenn sie aus Erfahrungen als Argumenten abgeleitet sind. In der demokratischen politischen Theorie, die sich *zwischen* Philosophie und Geschichte bewegt, muss man Erfahrungen, die sich auf verschiedene Zeitschichten (Ideen-, Demokratie- und Ereignisgeschichte) beziehen, transferierbar halten. Eine bestimmte praktische Philosophie verbindet sich hier mit einer bürgerschaftszentrierten politischen Theorie, die realistisch und kritisch zugleich ist. Sie fragt auch danach, was historische Erfahrungen für die Gegenwart bedeuten.

Historisches solchermaßen zu fixieren, haben wir (die nur schwer formulierbare Aufgabe) von Zivilreligion als Bürgerreligion genannt. Es kann sich dabei – in nationalspezifischen Varianten – um 'dauerhafte Werte bzw. Grundwerte', die 'Heiligkeit des Gesellschaftsvertrages bzw. der Verfassung', 'stabile Institutionen bzw. die Demokratie' handeln. Diese zivilen Komplexe erfordern von den Einzelnen untereinander Zeit, Geduld, Respekt und Treue. Im liberalen Komplex der Moderne dominiert die individuelle Selbstbestimmung. Doch auch diese stößt erfahrungsgemäß an Grenzen und benötigt sozusagen konservative Bremsen, die mit den natürlichen und kulturellen Beständen rechnen. Die moderne Praxis der Freiheit muss sich selber zivilisieren können.

XIV. Bündnis für Werte

Das ‚Bündnis für Werte in der Erziehung im Land Brandenburg'[139] ist wie das ‚Toleranzedikt als Stadtgespräch' mit einem Dialog verschiedener Akteure verbunden, der praxisrelevant ist. Auch dieser Dialog geht zunächst von unterstellten Konsensgrundlagen aus, die nicht weiter begründet werden (Grundwerte als Zivilreligion). Es reagiert auf die diagnostizierte ‚Pluralisierung' und ‚Individualisierung', welche Freiheit und Toleranz in den westlichen Gesellschaften seit den 60er Jahren ins Zentrum rücken. Gleichzeitig werden in dieser unvollendeten ‚Toleranzgesellschaft' die Grenzen der Toleranz zu einem Dauerthema. Dass folglich der Wertekonsens nicht verordnet werden kann[140], davon geht auch dieses Wertebündnis aus.

Nichtsdestotrotz ist es auf unterstellte Konsensgrundlagen angewiesen. Ausgangs- und Stützbegriffe der Kommunikation, ohne die sie keine Selbstverständlichkeit zu erzeugen vermag, sind deshalb grundlegende Werte, die vorrangig aus der „jüdisch-christlichen Tradition, dem Humanismus und der europäischen Aufklärung" abgeleitet werden.[141] Dazu gehören:

- „die Achtung und Wahrung von Menschenwürde und Menschenrechten, von Toleranz und Friedfertigkeit,
- die Achtung und Wahrung der Freiheit des Einzelnen und die Übernahme sozialer Verantwortung,
- die Solidarität und Gerechtigkeit, das Recht auf Freiheit des religiösen und weltanschaulichen Bekenntnisses,
- das Recht auf Meinungs- und Gewissensfreiheit,

- das Einsetzen für den Erhalt unserer natürlichen Lebensgrundlagen, von Natur und Umwelt,
- der sorgsame Umgang mit unserem historischen und kulturellen Erbe,
- das Abwenden antidemokratischer, rassistischer und antisemitischer Ideologien,
- der Respekt vor Andersdenkenden, der Schutz von Minderheiten und die friedliche und demokratische, insbesondere gewaltfreie Lösung von Konflikten."[142]

Mit diesem Katalog wird versucht, eine zusammenhängende Orientierung zu geben (und nicht bloß eine Addition), obwohl ganz Unterschiedliches (Werte, Tugenden, Rechte, Aufforderungen) angesprochen sind. Auch die Reihenfolge ist nicht beliebig. An oberster Stelle stehen Grundwerte (die Toleranz gehört dazu), aus denen sich die Regeln und Normen des Zusammenlebens ebenso ableiten wie die nachgeordneten ‚Sekundärtugenden' Zuverlässigkeit, Fleiß und Ordnung[143]. Letzteres könnte etwa gegen den verbreiteten ‚Vandalismus' in der Stadt sprechen; hier wird der Umgang mit der Sprayer-Szene zu einem Toleranztest.

Das erste ‚tolerante Sofa' zur Fortsetzung des Toleranzedikts als Stadtgespräch fand deshalb am Bassinplatz über Graffiti als andere Wirklichkeit statt. Es wurde zusammen mit dem ‚Stadtjugendring' und dem ‚Stadtteilnetzwerk Potsdam-West' organisiert und fand im Zusammenhang mit einem Graffiti- und Breakdance-Battle statt. Die Sprayer, die an der Diskussion teilnahmen, erzählten, auch kontrovers, aus ihren Welten und deren Probleme, die der Stadt weder bekannt sind, noch kann sie damit umgehen. Zwischen Beschmierungen, Wandmalereien, Graffiti und Vandalismus ist zu unterscheiden. Viele Jugendliche waren an ihrem ‚Platz der Toleranz' und haben das Fest genossen; nur wenige ‚von der Stadt' im Sinne von Politik, Verwaltung und Polizei waren anwesend und haben zugehört. Damit aber würden Kenntnisnahme und Verständigung beginnen. Belehrung und Einschüchterung durch die Polizei sind das Gegenteil davon.

Neben den Grundwerten stehen im Wertebündnis, das primär Lehrer und Eltern erreichen will, an erster Stelle der Wertehierarchie die Grundrechte, die verfassungsrechtlich verbürgt sind (in Deutschland die ‚Zivilreligion des Grundgesetzes'). Wird gegen Grundwerte und Grundrechte verstoßen, so ist ausdrücklich sogar ziviler Widerstand erlaubt, was eine überraschende, aber immerhin weiterführende Formulierung ist.[144]

Selbstbewusste Toleranz und ziviler Widerstand schließen sich nicht aus, im Gegenteil: sie bedingen sich. Grundwerte und Grundrechte bilden den Rahmen für einen bestehenden Wertepluralismus, innerhalb dessen es darauf ankommt, Konflikte zivil auszutragen. Die Präponderanz der Verfassung, weshalb man sie einmal lesen, studieren und diskutieren sollte, führt dazu, dass wir von verfassungsdemokratischer Bürgergesellschaft sprechen. Sie ist real und utopisch zugleich, indem sie die wichtigsten Fixpunkte enthält, die Lernen und Entwicklung ermöglichen.

Ein solches (Werte-)Bündnis schlägt Schneisen in die Wirklichkeit, die in zahlreichen Facetten jeweils anders erlebt wird, als der unterstellte Wertekonsens suggeriert. Gleichwohl hat dieser eine Bedeutung für die Praxis der gesellschaftlichen Vernunft, wobei es primär um die Aneignung von Werten geht. Zuvorderst steht hier wieder die Würde des Menschen: Reale Wertevermittlung vollzieht sich durch Respekt und Anerkennung.[145] Wir haben auch gesagt: durch genaue Wahrnehmung der Situation und einer Demut, die aus Besonnenheit erwächst. Die Besonnenheit ergibt sich daraus, dass wir alle in einer kleinen Welt (Lebenswelt) innerhalb der großen Welt des Universums leben. Zweitens spielt eine Rolle, was mit dem ersten Punkt auf das Engste verbunden ist: die Teilhabe.[146] Schließlich kommt man nicht ohne Vorbilder[147] aus, die ein exemplarisches Lernen ermöglichen, welches nicht nur in kognitiven Prozessen erfolgt. Potsdam ist auf der Suche nach neuen Vorbildern (siehe dazu unsere Bilder). Woran aber fehlt es in der Praxis, die sich immer in einem größeren Kontext bewegt?

Es gibt Milieus, die sich weitgehend ohne zivile Halteseile entwickeln. In Brandenburg sind dies zum Beispiel Regionen, „die kaum noch in externen Diskursen stehen, deren traditionelle ethische Korrektive (PfarrerInnen, LehrerInnen, BürgermeisterInnen, ÄrztInnen) weitgehend ersatzlos entfallen sind, wo die Männerrollen durch lang währende Montagetätigkeiten in den Familien, wie auch im Bereich der ehrenamtlichen Tätigkeiten aus den Fugen geraten sind und wo die jungen Generationen sich als langfristig staatlich zu alimentierender ‚Rest' verstehen. In diesen Gemeinwesen herrscht eine Selbstbezogenheit vor, die sich von den öffentlichen Diskursen entkoppelt hat bzw. auch entkoppelt wurde: Parteien, Kirchen, Gewerkschaften und andere wertediskursive Organisationen haben hier praktisch keinen Einfluss mehr, Zeitungen oder andere Medien, die politische Fragestellungen aufwerfen, die zumindest rezeptiv eine *Anschlussfähigkeit an überregionale Prozesse* herstellen würden, werden kaum konsumiert. Es sind entpolitisierte Räume, die sich nahezu jeder kontinuierlichen Kommunikation mit externen Systemen verweigern."[148]

Für die Entwicklung demokratischer Strukturen grundlegend ist überdies der *Wert der Opposition*. Kritik und Auseinandersetzung, ohne sie als persönliche Beleidigung zu empfinden oder gar als „Nestbeschmutzung", sind notwendige Elemente kommunaler Selbstverwaltung bei aller Wichtigkeit der Konsenssuche. „Dass Opposition in den kleinstädtischen und ländlichen Regionen kaum eine tradierte Ausformung gefunden hat, ist nicht nur auf die beiden Diktaturen des 20. Jahrhunderts zurückzuführen. Historisch hat es in Brandenburg kaum Möglichkeiten gegeben, eine *Oppositionskultur* auszubilden: Gutsbesitzer, die sowohl den Pfarrer wie den Lehrer einstellten, verlangten unbedingten Gehorsam. Wer sich dagegen stellte, wurde jahrhundertelang bestraft oder konnte später, ab Mitte des 19. Jahrhunderts, das Dorf verlassen. Eine demokratische Form der Opposition als ‚Plan B' des Gemeinwesens konnte nur in dem kleinen Zeitfenster der Weimarer Republik entwickelt werden. Diese historischen Erfahrungen wirken bis heute nach. In vielen Gemeinden treffen wir auf politische Verhältnisse, die sich versuchen homogen zu definieren, obwohl die politischen Interessen teilweise sehr divergierend sind."[149] Die Gemeinwesensarbeit – sozial *und* politisch verstanden – wird deshalb umso wichtiger. Ein Gemeinwesen ist weder eine Gemeinschaft noch eine Gesellschaft, da es die politische Zusammenarbeit Ver-

schiedener und Vieler sowie legitime Verfahren benötigt.

Der brandenburgische Bildungsminister Horst Rupprecht, ein langjähriger verdienter Lehrer und Schulleiter, der als Politiker in seinem Wahlkreis das Direktmandat erreichte, hat das Wertebündnis für Erziehung (wo Personen Personen ändern) nach erschreckenden Vorfällen der Verrohung und Gewalt ins Leben gerufen.[150] Wegen eines kleinen Fehlers (im Gebrauch seines Dienstwagens)[151], den er sofort öffentlich als „Dummheit" erkannte, ist er von seinem Amt zurückgetreten. Dürfen Politiker keine Fehler machen? Müssen sie Vorbilder sein? In welchem Sinne? Wer ist hier Richter? Jedenfalls gilt für ‚Politiker' entgegen der polemischen Wert- und Moral*unter*schätzung Luhmanns, der ansonsten vieles zutreffend beobachtet, dass sie auch für die Verkörperung von Werten stehen. ‚Parteien' sind zudem Organisationen, bei denen ideelle Motive und Ziele eine Rolle spielen.

Demgegenüber muss das ‚politische System' nach systemtheoretischer Beobachtung vor allem über einen „leistungsfähigen Opportunismus" verfügen, um in einer „stark differenzierten Umwelt hohe Fähigkeiten zur Absorption widersprüchlicher Forderungen"[152] zu entwickeln. *Einerseits* kann man also mit Luhmann sagen, dass sich die Politik mit der Verpflichtung auf Werte am wohlsten fühlt, weil sie nichts festlegen; *andererseits* müssen diese Werte doch zunächst einmal anerkannt und durchgesetzt werden. Zudem hängt einiges von ihrer Priorisierung und glaubwürdigen Verkörperung ab, was alles nicht wenig ist.

Die Politik muss mithin dem Werteopportunismus selber Grenzen setzen können, wenn sie mit den Sinnbezügen und Konsensgrundlagen der Gesellschaft, die sie als wertorientiertes Verhalten vertritt, in Kontakt bleiben will. Gibt die Politik diesen Anspruch auf, kann auch ein traditionelles Parteiensystem innert kürzester Zeit verschwinden und die Demokratie insgesamt gefährden (wie in Italien 1992 mit 'Tangentopoli' und ‚Mani pulite' geschehen, woraufhin Berlusconi 1993 ‚Forza Italia' gründete und dreimal wiedergewählt wurde). Solche Erfahrungen sollten zu denken geben, denn Demokratien verkommen schnell, wenn die entsprechende Bürgerschaft und politische Kultur fehlt. Dazu gehört als unverzichtbare Dimension auch der zivile Bürgerstaat, der wir sind.

Kommen wir jedoch zum Schluss noch einmal auf unsere Stadt zurück, die Unterschiede setzen kann.

XV. Zufluchtsstadt?

Solidarität ist erweiterungsfähig. Am 4. Oktober 2012 begrüßt die politische Spitze der Landeshauptstadt Potsdam den illegalen Protestmarsch der Flüchtlinge, die auf ihrem Weg von Würzburg nach Berlin an diesem Tag das Flüchtlingswohnheim am Schlaatz erreichen. Einen solchen Protestmarsch – nach schlimmen Vorfällen in Würzburg – quer durch die Republik hat es in Deutschland noch nicht gegeben. Nur mit ungewöhnlichen Methoden konnte er überhaupt Aufmerksamkeit erzielen, denn es soll Schluss sein mit isolierter Unterbringung, Abschiebung und Residenzpflicht. Städte können hier (wie anderswo) einen Unterschied machen.

Viele Potsdamer begrüßten trotz heftigem Regenwetter den Protestzug und begleiteten ihn bis zur legendären Glienicker Brücke. Den Satz „Kein Mensch ist illegal" hatte nicht zufällig ein Bürgermeister erfunden. Die Stadt Potsdam erklärte sich solidarisch mit den Flüchtlingen, was diesmal kein Lippenbekenntnis war: Sie hatte in den letzten Jahren das Gutscheinsystem abgeschafft und sich auf Landesebene für eine Lockerung der Residenzpflicht eingesetzt. Inzwischen bemüht man sich vermehrt um die Unterbringung von Asylbewerbern in Wohnungen, so zum Beispiel seit Oktober 2012 für alleinstehende Flüchtlingsfrauen in der Hegelallee. Das Toleranzedikt als Stadtgespräch hat Spuren hinterlassen und wirkt weiter.

Potsdam wächst: 2013 wurde der 160.000 Einwohner vom Oberbürgermeister persönlich begrüßt. Wächst auch die Toleranz gegenüber Flüchtlingen? Zu dieser Frage fand das zweite ‚tolerante Sofa' Ende August statt. Das Sofa geht in die Stadt hinein, diesmal in das ‚Autonome Frauenzentrum' an der Schiffbauergasse. Die Veranstaltung wurde zusammen mit ‚primaDonna, Frauen, Kultur und Bildung' organisiert. Wir bleiben also dem Prinzip organisierter Dialoge treu. Das ‚tolerante Sofa' schafft Raum für Konfrontation und Begegnung, aus der Verständnis für die Haltung von anderen wachsen kann. Es ist im Kleinen das, was wir uns für das Toleranzedikt als Stadtgespräch im Großen wünschen.

Anlässlich der öffentlichen Bekanntgabe des Plans der Stadtverwaltung, in Potsdam ankommende Flüchtlinge zukünftig auch in einer Gemeinschaftsunterkunft in Container-Bauweise in einem Gewerbegebiet am Stadtrand unterbringen zu wollen, gab es von vielen Seiten Kritik. Sie bezog sich zum einen auf die Art und Weise, wie diese Entscheidung vorbereitet und kommuniziert wurde, zum anderen auf die Tatsache, dass für neu hinzukommende Flüchtlinge kein anderer Wohnort gefunden werden kann, als eine Container-Unterkunft in einem Gewerbegebiet, was man für ‚würdelos' hält.

Ist die Unterbringung in Containern im Gewerbegebiet wirklich alternativlos? Welche Erfahrungen wurden in Potsdam bei der Vermittlung von Flüchtlingen in eine eigene Wohnung gesammelt? Könnten trotz des angespannten Wohnungsmarktes mehr Flüchtlinge in kürzerer Zeit in eigene Wohnungen umziehen? Diese Fragen wurden auf dem Sofa diskutiert mit Personen, die sich nicht nur in der Flüchtlingsarbeit auskennen, sondern in ihren Bereichen etwas bewegen können. Der Verein ‚Neues Potsdamer Toleranzedikt', der 2009 gegründet worden ist, ist mittlerweile schon ein starkes Netzwerk, das freilich stadtteilübergreifend noch zahlreicher werden muss.

Die beliebte Parole ‚Keine Toleranz den Feinden der Toleranz' kann schnell aus dem Gleichgewicht geraten. Ausgerechnet die Stadt Spinozas[153] und der Provos – Amsterdam[154] – führt dies gegenwärtig vor.[155] Dort sollen Menschen in Containersiedlungen ausgesondert werden, ohne dass sie straffällig geworden sind: Ausländerfeinde und Schwulenhasser. Es sind nicht Rechtspopulisten, die dies vorschlagen. Schlüsselbegriffe in dieser Debatte sind ‚Belästigung' und (subjektives) ‚Sicherheitsempfinden': „Die tolerante Gesellschaft ist empfindlich geworden. Es geht längst nicht mehr um Kriminalität, die ein Thema der Rechten ist. Es geht um das Recht, sich wohlzufühlen in der eigenen Stadt, um das Recht nicht von anderen gestört zu werden, nicht belästigt zu werden."[156] Dies wirft die unangenehme Frage auf: „Sind tolerante Milieus, die eine Harmonie in Vielfalt anstreben, so empfindsam, dass sie, die eigentlich Repression ablehnen, neue, ‚fortschrittliche Formen' der Repression schaffen?"[157] Bekommt die repressive Toleranz ein neues Gesicht?

Antipathie und ressentimentgeladene Vorurteile gibt es immer und in alle Richtungen. Die Frage ist nur, welche ‚Gesamtstruktur' sie wirkmächtig werden lässt und welche nicht. Dies ist die Frage nach der urbanen Toleranz, die komplex und nicht einfach ist. Ihre zivile Komplexität aufzubauen und zu erhalten, ist selbst für eine historische Hauptstadt der Toleranz wie Amsterdam (aus der Neu-Amsterdam, New York, hervorgegangen ist) nicht selbstverständlich. Städte können Zufluchtsstädte sein und dadurch ganze Nationen prägen und verändern, sie können als solche aber auch versagen.[158]

Die Vielfalt der modernen Freiheit für alle hat ihren Preis. Das ist zum einen die Toleranz als Bedingung von Modernität und zum anderen der demokratische Rechtsstaat mit seiner Durchsetzungsfähigkeit. Die Toleranz in all ihren Aspekten, die heute zu beachten sind, wenn man dem Alltagsleben näherkommen will, ist kein Königsweg zur Harmonie – im Gegenteil. Die urbane Stadt als Begegnungsraum, der verstören kann, ist voll von Konflikten zwischen Gruppen mit ungleicher Macht und Animositäten von eigensinnigen Individuen. Was heißt unter diesen Bedingungen ‚Recht auf Stadt'?[159]

Gewiss nicht nur das Recht des Stärkeren. Statt eines Rechts des Stärkeren kann mit aller Vorsicht von einer gerechten Stadt gesprochen werden. Im Kontext der neuen Forschung heißt dies, dass Städte verdichtete Räume politischer Interaktionen sind, in denen die Partizipation an der Stadtpolitik sich auch an der normativen Leitidee der Gerechtigkeit orientieren soll.[160] Damit rücken zwangsläufig Fragen der Ungerechtigkeit in den Fokus, die ebenfalls Teil des Stadtgesprächs werden. Hieraus ergeben sich Problematisierungen des Ausschlusses von Minderheiten, der Dominanz im öffentlichen Raum, aber ebenso die Schwerpunkte der Nachhaltigkeit, die durch die Bewohner der Städte für ihre Städte identifiziert und dramatisiert werden müssen.[161] Dies impliziert eine demokratische Gerechtigkeitskonzeption; es ist nicht der Philosophenkönig wie in Platons Idealstaat, der Gerechtigkeit definiert. Wir gehen von der heterogenen Stadt der Vielheit aus und nicht vom einheitlichen Staat. Die Demokratie schafft sich ihren zivilen Bürgerstaat und nicht umgekehrt., wie es oft der historische Fall ist.

Die Stadt ist kein Unternehmen, obwohl Unternehmen, Investoren und Mäzene bei der Stadtentwicklung eine große Rolle spielen (corporate citizenship), was in Potsdam besonders sichtbar ist. Die Idee der Bürgerschaft, die in der Liebe zur Stadt gründet und eine *horizontale* Beziehung ist *trotz* Hierarchie und Ungleichheiten (wieder ein Satz der Zivilität), muss dagegen wachgehalten sowie immer wieder erstritten und weiterentwickelt werden. Demokratische Politik ist deshalb auch einbeziehende *Bürgerschaftspolitik*. Sie hat dafür Sorge zu tragen, dass die soziale Praxis der Bürgerschaft über Gesprächsfähigkeit und stadtweite Solidarität nicht verkümmert. Dies ist unter anderem der pragmatische Sinn des Toleranzedikts.

Allerdings gibt es ein Machtdreieck zwischen Politik, Verwaltung und Bürgerschaft, welches durch mehr Bürgerbeteiligung besser balanciert werden kann. Bürgermacht ist in der Lage (über Wahlen, direkte Demokratie, neue informelle Beteiligungsverfahren und Proteste), für

eine *soziale Stadt* im Kleinen (Vereine, Nachbarschaften, Quartierdemokratie, Bürgerhäuser) wie im Großen – in Kooperation und Konflikt mit Politik/Verwaltung und Unternehmen (z. B. Wohnungsgesellschaften) – etwa für bezahlbaren Wohnraum und gegen soziale Verdrängung zu sorgen.

Am Tag der mondänen ‚Schlössernacht', am 17. August 2013, findet eine große Demonstration „Wohnräume statt Schlossträume" statt. Potsdam liegt nach Jena mit durchschnittlich 8,50 Euro pro Quadratmeter an der Spitze der Rangliste in Ostdeutschland. Insbesondere Einkommensschwache, Jugendliche und Studenten bekommen das zu spüren, was wiederum ein struktureller Grund dafür ist, dass Potsdam, obwohl Wissenschaftsstadt, keine lebendige und attraktive Universitätsstadt ist. Potsdam profitiert einerseits von Berlin, andererseits zahlt es dafür auch einen Preis als eigenständige Bürgerstadt.

Die Demonstration wollte zeigen, dass sie *viele* sind, die sich für ein Recht auf Stadt einsetzen und zu Recht sagen, dass die Stadt „Wir alle sind". Das sagte schon Aristoteles für die Polis, wobei er sich noch auf einen kleinen Kreis von Bürgern bezog und nicht auf die demokratische Masse, die von den heutigen Versprechen der Urbanität (Arbeitsplätze, Konsum, Infrastruktur, Kultur und Vielfalt) angezogen und oft zugleich enttäuscht wird. „In Potsdam findet eine soziale Säuberung der Bewohnerschaft statt, werden ärmere oder kulturell nicht auf Preußen fixierte Menschen aus dieser Stadt vertrieben, durch Mietpreise und eine Politik, die jede Form alternativer Soziokultur zugunsten der Musealisierung der Stadt zu unterdrücken versucht", so die Organisatoren.[162]

Die energiesparende *nachhaltige Stadt* (oder ‚Klimastadt', die in Potsdam die beste wissenschaftliche Begleitung findet) sowie die ambitionierte Energiewende benötigen zudem frühzeitige und breite Beteiligung der Bürger, wenn sie erfolgreich sein wollen. Solche Verfahrensinnovationen sind auf aktive Toleranz angewiesen. Aufklärungsprozesse integrieren Wissen zum Zweck lebensweltlicher Orientierung. Theorie *und* Praxis lernen voneinander und ‚irritieren' einander. Sie bilden keine Einheit, obwohl ‚Praxis' (im griechischen Sinne des Wortes) als Kriterium für politische Theorie gelten kann, wenn man sie nicht eng parteilich, sondern ‚parteilich' gelassen und als Verhalten in Solidarität versteht. Dies ist eine ebenso interessierte wie gelassene Haltung. Neutral ist sie nicht, denn sie kommt nicht umhin, sich im Rahmen eines agonalen Pluralismus zu behaupten. Bei aller geschichtlichen Relativität ist sie nicht relativistisch.

In all diesen Bereichen, die umstritten sind, ist die Stadt kulturell und gesellschaftlich, sowohl als *Raum* wie als *Akteur*, das wichtigste Auseinandersetzungsfeld, auf dem eine neue Zivilität und eine politische Urbanität aneinander *wachsen* – oder *versagen* können. Dabei ist eine zweifache Ausrede auffällig, die sich aus der bürgerschaftlichen Verantwortung für die weitere Entwicklung stiehlt: eine ‚von unten' und eine ‚von oben'. Auf städtischer Ebene wird in einem engen juristischen Rahmen schnell gesagt: das können wir nicht, weil wir dafür nicht zuständig sind. Andererseits schiebt man von (wohlfahrtsstaatlicher Seite) immer mehr soziale Aufgaben an die Kommunen ab. Dieses politische ‚Mehrebenensystem' scheint starr und tendiert zur Bewegungslosigkeit. Es ist jedoch nicht fix, sondern dynamisch, obwohl eine ausgeprägte historische Pfadabhängigkeit existiert. Die Städte sind inzwischen zu Stiefkindern des Föderalismus geworden, den sie inspiriert haben. Das muss sich ändern, wenn tatsächlich ein Kulturwandel in der Politik erfolgen soll. Von einer ‚Wiederkehr der Städte' kann noch nicht gesprochen werden.

Schluss

Das Toleranzedikt als Stadtgespräch hat Spuren hinterlassen. Es ist eine Schneise in die Wirklichkeit, um gesprächsweise Orientierungen zu ermöglichen. Orientierungen benötigen in unserer schnelllebigen Zeit Dezision und Diskurs. Sie überzeugen durch Narration (Erzählung), die erfahrungsgesättigt und glaubwürdig ist, wenn sie von glaubwürdigen Personen stammt. Man muss sich zunächst für einen Weg entscheiden und dann schauen, wie weit man kommt. Ohne Diskurs – die Narration soll ja durch Gründe und Erklärungen überzeugen – kommt man allerdings nicht weit. Der Diskurs wiederum, der ein lebenspraktisches Anliegen ist, sollte zu Resultaten führen, wofür es Zeit, Substanz und Gesprächspartner braucht – diskursstark *und* handlungsstark, was gleichermaßen zum Politischen gehört.

Toleranz als Ausgangspunkt verweist auf Freiheit, Individualität und Würde. Eine historisch bisher einmalige Konstellation, die für viele aufgrund leidvoller Erfahrungen unhintergehbar geworden ist, so dass sie bereit sind, diese nicht nur zu leben, sondern auch zu verteidigen. Denn das ist notwendig, da die Zeit der ‚feindlosen Demokratie' (Beck) nach 1989 nicht angebrochen ist. Politische Utopien, die welt- und rechtsfremd im Kopf scheinbar konsistent alles zusammenfügen, führen in die Irre. Entgegen einer bloßen Aufzählung von Werten kann man zeigen – und *dieses Zeigen-Können* ist wichtig –, wieso der Werte-Zusammenhang ‚Toleranz, Freiheit, Individualität und Würde' ein notwendiger ziviler Zusammenhang ist.

Mit Zivilreligion meinen wir zudem das Erinnerungs*gebot* an die Barbarei (bzw. das

Nicht-Tolerierbare), wie es in der Präambel der Allgemeinen Erklärung der Menschenrechte von 1948 angesprochen wird, sowie in unserem Text, im Zusammenhang mit dem Toleranzedikt, die inhärente Würde des Menschen, die Kraft der Toleranz und das Versprechen der Solidarität. Sie sind ultimative und konstruktive Anliegen, die bei allen Konflikten der Auslegung und Anwendung ein gemeinsames Segel bilden. Dies schließt andere wichtige Werte wie Gerechtigkeit, Sicherheit oder Nachhaltigkeit nicht aus, sondern ein. Man kann sie im Zusammenhang mit der prägnanten Werte-Triade (Freiheit, Toleranz, Solidarität), die Übersicht schafft, erörtern – mitunter drängen sie sich sogar in den Vordergrund. Es handelt sich um ein Geflecht wechselseitiger Beziehungen, das ständig verschoben wird und dessen Einzelteile immer wieder neu zu bestimmen sind.

Die Werte-Triade des Toleranzedikts ist nicht zufällig oder beliebig, sondern zeit- und ortsbedingt narrativ begründet. Sie schafft eine zusammenhängende Werteorientierung, die in unserer unübersichtlichen Welt dringend notwendig ist, aber nicht ohne Widersprüche und Konflikte zu haben ist. Es gibt kein Rezeptwissen dafür. Ausgehend von unserer ersten Übersicht, die nicht mehr als ein unvollkommenes Mosaik ist, bei dem viele Steine fehlen, können andere Werte näher spezifiziert werden. Zum Beispiel: In welchen Hinsichten gibt es zu wenig soziale Gerechtigkeit? Was wollen wir unter Sicherheit verstehen? Welchen Staat brauchen wir dafür? Inwiefern bedeutet heute ökologische Nachhaltigkeit eine Einschränkung moderner Freiheit? Und so weiter.

Dieses Gespräch über unsere Lebensform, welches den inneren Dialog umfasst, geht unabschließbar weiter, wobei sich die Prioritäten verändern. Entscheidend ist, dass es überhaupt ein solches Gespräch gibt, das praktisch und philosophisch zugleich ist. In ihm bildet sich Urteilskraft, die nicht kompensiert werden kann, auch von Experten nicht. Daran wiederum hängen Bürgerschaft und Demokratie, die nicht bloß Worte sind, sondern überall auf der Welt in unterschiedlicher Weise ihre demokratische Widerstandsdynamik entfalten.

,Toleranzedikt als Stadtgespräch' heißt ein Weg, der zugleich ein Ziel ist. Dieser bürgerschaftliche Weg verknüpft die Offenheit des Dialogs mit der Verbindlichkeit von Werten des Zusammenlebens. Toleranz bleibt ein Streitfeld, und ebenso bleibt das Nicht-Tolerierbare eine Herausforderung, bei der nicht immer klar und unstrittig ist, wie man ihr begegnen soll. Gerade auch dieser Aspekt gehört zum Toleranzedikt als Stadtgespräch. Beide Herausforderungen werden im Toleranzedikt der Bürger/innen miteinander kombiniert. Nur so kann die Freiheits- und Toleranzidee gegen die gefährlich Intoleranten verteidigt bzw. sinnvoll auf das *,Paradox der Toleranz'*, von dem Popper in seiner Philosophie der offenen Gesellschaft spricht[163], reagiert werden.

Die Ressource ,Aufklärung' beweist sich dabei in der Bündnisfähigkeit ziviler Kräfte, die trotz Vielstimmigkeit und streitbarer Differenzen eine gemeinsame Antwort finden, wenn grundlegende Fragen des Zusammenlebens berührt sind. Dafür bietet das ,Neue Potsdamer Toleranzedikt' von 2008 einige Fixpunkte und viele Anknüpfungspunkte für einen offenen und unabgeschlossenen Prozess. Die zivilisatorische Bewährungsprobe besteht darin, wie viel unsere Praxis der Toleranz aushält und gleichzeitig konstruktiv zustande bringt.

Anmerkungen

1 Was immerhin ein Fortschritt gegenüber einer Zeit ist, die noch nicht lange zurückliegt, was gerne schon wieder vergessen wird. Vergessen wird ohnehin schnell in unserer schnelllebigen wohlstandsflankierten 'Spaß- und Erlebnisgesellschaft'.

2 Einige Teile des vorliegenden Textes entstammen dem Vortrag ,Toleranzedikt als Stadtgespräch' am 10. 1. 2013 in der Reihe ,DenkMahl' an der Universität Potsdam. Er knüpft an Gedanken des Potsdamer Toleranzedikts (2008) an und setzt sie fort. Dabei werden auch Beispiele und Argumente, die in diesem Prozess eine Rolle spielten, wiederholt.

3 Der kritische Grundbegriff von Theodor W. Adornos ,Negativer Dialektik', Gesammelte Schriften, Bd. 6, Frankfurt am Main 1973.

4 Siehe etwa Amartya Sen, Die Identitätsfalle, München 2007.

5 Michael Walzer, Über Toleranz, Hamburg 1998.

6 Vgl. Martin Seel, 111 Tugenden, 111 Laster, Frankfurt am Main 2012 (3. Aufl.), S. 271.

7 A.a.O., S. 271 f.

8 Hans-Paul Bahrdt, Die moderne Großstadt, Opladen 1998 (1. Aufl. 1961), S. 164.

9 Richard Sennett, Respekt im Zeitalter der Ungleichheit, Berlin 2004, S. 151.

10 Dirk Wilking, Michael Kohlstuck (Hg.), Einblicke III (Potsdam 2010) und Einblicke IV (Potsdam 2012).

11 Oliver Decker, Johannes Kiess, Elmar Brähler et al., Die Mitte im Umbruch, Bonn 2012.

12 Zum Beispiel denken in Ostdeutschland „fast 39 % manifest ausländerfeindlich"(!). Diese Zahl steigt seit 2004. Die interessante Frage ist: Was heißt hier ,ausländerfeindlich'? Und wie geht man damit um?

13 Vgl. Charles de Montesquieu, Vom Geist der Gesetze (1748), Stuttgart 1994, S. 212, Hervorhebung H. K.

14 Und zwar sowohl im Sinne von ,genius loci' (Geist des Ortes) als auch von, hic Rhodus, hic salta!' (hier lebst du, hier musst du dich beweisen).

15 Hermann Lübbe, Im Zug der Zeit. Verkürzter Aufenthalt in der Gegenwart, Berlin u. a. 1994 (2. Aufl.).

16 Niklas Luhmann, Soziale Systeme, Frankfurt am Main 1984; ders., Die Gesellschaft der Gesellschaft, 2 Bde., Frankfurt am Main 1997.

17 Siehe jetzt: 10 Jahre Bündnis ,Potsdam bekennt Farbe'. Eine Chronologie 2002-2012, Potsdam 2012 (114 Seiten).

18 Hans-Georg Gadamer, Wahrheit und Methode, Tübingen 1972 (3. Aufl.); ders., Hermeneutik im Rückblick, Werke Bd. 10, Tübingen 1995.

19 Siehe dazu die Nachforschungen von Jan Philipp Reemtsma, Die Gewalt spricht nicht, Stuttgart 2002; ders., Vertrauen und Gewalt, Hamburg 2008.

20 Siehe Bernard Williams, Wahrheit und Wahrhaftigkeit, Frankfurt am Main, 2013 (englisch 2002).

21 Ludwig Wittgenstein, Das Blaue Buch, Werke Band V, Frankfurt am Main 1984, S.39.

22 „Ich habe ein Zeitproblem." Stadtverordnetenversammlungen von mehr als sieben Stunden Dauer, dazu Ausschüsse, Arbeitsgruppen, Workshops und Beiräte – „das ist mindestens eine Halbtagsstelle und kein Ehrenamt mehr", so Manja Orlowski (in: PNN, 24. 1. 2012). Mammutsitzungen und frustrierte Stadtpolitiker, „das schadet der politischen Kultur" (so Nils Naber in: PNN, 2. 11. 2011). Beide (und andere begabte Leute) sind in letzter Zeit freiwillig aus der Stadtverordnetenversammlung ausgeschieden, und die meisten gehen gar nicht „in die Politik".

23 Der Migrantenbeirat ist ebenfalls ein Pfeiler des neuen Toleranzedikts. Siehe dort auch seine Selbstverpflichtung, S. 69.

24 Märkische Allgemeine Zeitung, 16.08.2013, Der Geist des Toleranzedikts, Seite 15.

25 Potsdamer Neueste Nachrichten, 01.02.2013, S. 8.

26 Es handelt sich um das derzeit größte evangelische Kirchenbauprojekt in Deutschland, welches nach den Worten von Altbischof Huber von „nationaler Bedeutung" ist.

27 Die Frage, die sich für das ‚neue Toleranzedikt als Stadtgespräch' stellt, ist, ob dieser wichtige und berechtigte Hinweis als Argument genügt, um gegen den Wiederaufbau mit neuem Konzept zu sein. Reichlich verspätet wird am 19. März 2013 der Havelplatz vor dem Landtag als demokratischer Gegenpol zum ‚Tag von Potsdam' in Otto-Braun-Platz umbenannt. Der letzte demokratisch gewählte Ministerpräsident vor 1933 ist im Land selbst kaum bekannt. Braun versuchte sogar, Hitler zu verhaften und die NSDAP als staatsgefähr-

liche Organisation auszuschalten. 1933 ging der gebürtige Königsberger ins Schweizer Exil, wo er 1955 in Locarno starb.

28 Kritiker monieren: „Das Leiden der Häftlinge wird in der Ausstellung zu sehr ausgeklammert. Dadurch kommen die sowjetischen Offiziere relativ glimpflich davon. Die Menschen sollen aber erfahren, zu welchen furchtbaren Taten der sowjetische Geheimdienst fähig war." In: PNN, 14. 11. 2012, S. 9.

29 Martin Sabrow, Potsdam als Erinnerungsort, Vortrag im ‚Stadt Forum Potsdam', 29. 11. 2007, S. 3. Hervorhebung H. K.

30 So Hans-Joachim Schoeps, zitiert bei Sabrow, a.a.O., S. 4.

31 Sabrow, a.a.O., S. 9. Auch Rosa Luxemburg und Karl Liebknecht sind mutige und in manchen Hinsichten vorbildliche Menschen, „Helden der Arbeiterklasse" sind sie nicht.

32 Ebenda.

33 Vgl. Michael Braun, Ursula Baus (Hg.), Rekonstruktion in Deutschland, Basel 2009. Jürgen Tietz spricht von einem „Widerspruch zwischen geschichtsversessener Rekonstruktionshype und geschichtsvergessenem Denkmalverfall" in Potsdam (in: Neue Zürcher Zeitung, 24. 1. 2013, S. 19).

34 Ein zerkratzter Betonkopf steht überdies weitgehend unbemerkt im Volkspark als Überbleibsel der Bundesgartenschau in Bornstedt (siehe unser Bild).

35 So eine Gedenktafel befindet sich sowohl innerhalb als auch außerhalb der Schule, an der er 1925 das Abitur machte. Gleich neben der Tafel für Moltke erinnert im Inneren der Schule im Treppenaufgang eine Tafel an drei ehe-

malige Schüler, die am 18. April 1946 im Alter von 16 und 17 Jahren von der sowjetischen Militärbehörde hingerichtet worden sind. Warum? Wie konnte so etwas geschehen? Unter welchen Bedingungen? Darauf finden die Schüler, die dort tagtäglich vorbeilaufen, keine Antwort.

36 Zitat nach „Lenin in Lauerstellung", Märkische Allgemeine Zeitung, 4. 1. 2013, S. 16.

37 A.a.O.

38 A.a.O. Nach diesem Kriterium müsste man auch die Hegelallee (und die Straßennamen vieler großer Philosophen) umbenennen, was niemandem in den Sinn kommt. Lenin hatte Hegel noch kurz vor der russischen Revolution in der Zürcher Zentralbibliothek studiert.

39 Auch für die zahlreichen aufmerksamen und suchenden Flaneure, die nicht bloß Touristen oder nur Pilger sind.

40 Siehe z. B. Karl Liebknecht, Militarismus und Antimilitarismus, Leipzig 1907. Für Liebknecht war die allgemeine Mobilmachung mit großer Begeisterung der Massen ein Schock, ein Kontingenzschock würde man heute sagen, ähnlich wie der 'schwarze Freitag' 1929 oder Nineeleven 2001. Der „Vaterlandsverräter" sah das Vaterland in Gefahr vor der aggressiven Rüstungsindustrie und Politik wie sie etwa in der Tirpitzschen Flottenpolitik deutlich zum Ausdruck kam.

41 François Furet, Das Ende der Illusion, München/Zürich 1995, S. 48.

42 A.a.O., S. 219.

43 A.a.O., S. 218, Hervorhebung H. K.

44 A.a.O., S. 219, Hervorhebung H. K.

45 Eric Hobsbawm, Das Zeitalter der Extreme, München/Wien 1995. Für Hobsbawm ist die Oktoberrevolution (die nicht ohne deutsche Beihilfe zustande gekommen ist) das wichtigste politische Ereignis des Jahrhunderts, S. 18, S. 113 f. Sie hat das 20. Jahrhundert geprägt. Die Freiheitsdaten von 1945 und 1989 kommen freilich hinzu.

46 So berichtet Wolfgang Leonhard, der mit der Gruppe Ulbricht aus Moskau nach Berlin zurückgekehrt war. Zu dieser Gruppe gehörte auch Markus Wolf, der Bruder von Konrad Wolf, nach dem die Filmhochschule in Babelsberg benannt ist.

47 Manfred Müller, Entscheidung in Potsdam. Ein dokumentarischer Bericht über den Einsatz der Atombombe, Universitätsverlag Potsdam 2011.

48 Verwaiste Sockel und abgerissene Denkmäler wären starke Zeichen für eine Stadt mit Ecken und Kanten, die Erzählungen notwendig machen. Dafür gibt es eine gut funktionierende, durchmischte Rosa-Luxemburg-Grundschule in der Innenstadt mit Büste im ersten Stock (siehe unser Bild). Daran braucht sich niemand zu stören, auch besserwissende Historiker und aufrechte Demokraten nicht. Vor der Schulrenovierung las man dort an der Burgstraße 23a, groß aufgesprayt, den Satz: „Freiheit ist immer die Freiheit der Andersdenkenden" (im ‚Neuen Toleranzedikt' 2008 ist das Bild auf S. 45 abgedruckt). „Luxemburgismus" lautete in der DDR der ideologische Vorwurf, wenn man zu sehr auf „Massenspontaneität" setzte. Mit dem Satz von Luxemburg (der bei ihr allerdings einen spezifischen Kontext in der Auseinandersetzung mit dem Fraktionsverbot in Lenins neuartiger Kaderpartei hatte, mit der er machtgierig die ganze Macht an

sich reißen wollte) begann das Aufbegehren zunächst Einzelner, dann von Gruppen und schließlich (nach Wahlmanipulationen) der zivilen Masse gegen die beanspruchte Einheit von Partei und Volk. Es hat inzwischen eine Art alltägliche Anverwandlung von Luxemburg und Liebknecht gegeben, die in Potsdam sichtbar ist.

49 Vgl. Jochen Köhler, Helmuth James von Moltke. Geschichte einer Kindheit und Jugend, Reinbek bei Hamburg 2008.

50 A.a.O., S. 148, Hervorhebungen H. K.

51 A.a.O., S. 149, Hervorhebung H. K.

52 A.a.O., S. 152.

53 Siehe dagegen die aufschlussreichen Beobachtungen von Karl Schlögel, Auf Lukács' Balkon: Der Weltgeist, die Geschichte und die Stadt, in: ders., Marjampole oder Europas Wiederkehr aus dem Geist der Städte, München/Wien 2005, S. 241-258. Der marxistische Philosoph und Theoretiker Georg Lukács, den man zu DDR-Zeiten an die Humboldt-Universität nach Berlin holen wollte, ist 1885 in Budapest geboren und 1971 dort gestorben (als Zeitgenosse von Herbert Marcuse). Diese große Metropole des 20. Jahrhunderts taucht jedoch als Schauplatz und Stoff in seinem monumentalen Werk nicht auf. „Lukács Denken ist ganz und gar absorbiert von der Arbeit am Begriff. Ihn beschäftigt das Wesen einer Sache! Oberflächen sind für ihn Ablenkung, Schein" (a.a,O., S. 244). „Seine Wirklichkeit war die Literatur" (a.a.O.). „Seine Vorstellung von Theorie hatte kaum etwas mit lebendiger Anschauung zu tun. Empirie war immer das Mindere im Verhältnis zum Allgemeinen. Er war ein regelrechter Erotiker des Abstrakten, während ihm das Konkrete immer zu ephemer, zu zweitrangig, zu unbe-

deutend erschien" (a.a.O., S. 245). „Es scheint kein unmittelbares Verhältnis zur Umgebung und zu den Ereignissen um ihn herum zu geben, alles spielt sich in Vermittlungen ab" – purer ‚Hegelmarxismus', auch in ‚Geschichte und Klassenbewusstsein' (1923), was für den abgehobenen ‚westlichen Marxismus' wichtig wurde, der mit der realen Arbeiterbewegung wenig zu tun hatte. „Für einen Blick zur Seite oder von der Seite hatte er nichts übrig" (S. 246). Es hat deshalb einen tieferen Sinn, der zu denken gibt, wenn die Welt, auch die Budapester Welt, bei Lukács nicht vorkommt (S. 247). Die treffende Überschrift dafür lautet: ‚Gelebtes Denken, gedachtes Leben'.

54 A.a.O., S. 174 f., Hervorhebung H. K. Siehe auch Helmuth James und Freya von Moltke, Abschiedsbriefe Gefängnis Tegel, Dezember 1944 bis Januar 1945, München 2013.

55 Darunter das Recht auf sexuelle Identität, das zum Beispiel in der Brandenburger Verfassung (1992), die durch Volksentscheid angenommen worden ist, ausdrücklich in Artikel 12, Absatz 2 verankert wurde.

56 Vgl. Helmuth Plessner, Grenzen der Gemeinschaft. Eine Kritik des sozialen Radikalismus (1924), Bonn 1972 (2. Aufl.).

57 „Ohne Worte: Studenten schreien de Maizière nieder", Märkische Allgemeine Zeitung, 12. 4. 2013, S. 2. Einen hörbaren Aufschrei der Professoren gab es dagegen nicht.

58 Richard Sennett, Verfall und Ende des öffentlichen Lebens. Die Tyrannei der Intimität, Frankfurt am Main 1983.

59 Vgl. Byung-Chul Han, Transparenzgesellschaft, Berlin 2013.

60 Mahatma Gandhi, Ausgewählte Werke, Göt-

tingen 2011, 5 Bde.; siehe auch Dieter Conrad, Gandhi und der Begriff des Politischen, Paderborn 2006.

61   Siehe Kapitel XIX: Verachtung und Haß sind zu vermeiden, in: Niccolò Machiavelli, Der Fürst, Frankfurt am Main/Leipzig 2001 (1513), S.89ff.

62   Selbst bei gewalttätigen und hasserfüllten Großkonflikten können jedoch ‚Dialoggruppen' zu „Räumen der gegenseitigen Humanisierung" führen. Man muss also auch unter diesen mehr als erschwerten Bedingungen mit allen reden können, solange sie einen nicht zu töten versuchen. Siehe dazu: Shelley Berlowitz, Die Erfahrung der Anderen. Konfliktstoff im israelisch-palästinensischen Dialog, Konstanz 2012.

63   Dabei hilft die Nostalgie des Urbanen, welche unsere (kleineren) europäischen Städte, die meist ohnehin schon ‚Perlen' sind, verschönert, nur begrenzt. Lévi-Strauss beschreibt die moderne Welt (-Gesellschaft) nicht nur von „einem endlosen Wettlauf zu immer höherer Produktivität getrieben", sondern auch als „ungeheure städtische Ballungsräume", die großen Teilen der Bevölkerung „eine künstliche und entmenschlichte Existenz auferlegen." Claude Lévi-Strauss, Anthropologie in der modernen Welt, Berlin 2012, S. 14. Letzteres ist das Schicksal für die meisten Menschen, dem nur Wenige entfliehen können. Schicksal? Wenn ja, so kann ihm gleichwohl begegnet werden. Es gehört zu den Einsichten der philosophischen Anthropologie, dass der Mensch als handelndes und sprechendes Wesen ‚plastisch' reagieren kann. Damit schafft er Distanz zu den (objektiven) Verhältnissen, in die er hineingeboren wird und die ihn sozialisieren. Zum Beispiel durch Ironie, welche Distanz hält und zugleich Mensch-

lichkeit bewahrt. ‚Ironie des Schicksals', in dem ein Mann sein Haus und seine Wohnung verwechselt, weil alle gleich aussehen, und so seine Liebe findet, heißt denn auch der alljährliche Silvesterfilm (wie bei uns ‚Dinner for One'), über den sich die Russen jedes Jahr wieder köstlich amüsieren. Moskau ist inzwischen mit 12 Millionen Einwohnern nicht nur die größte europäische Stadt, sondern auch die dynamischste.

64   Norbert Elias, Die Gesellschaft der Individuen, Frankfurt am Main 1987, S. 111. Ganz im Sinne von Elias untersucht der empirische Soziologe Manuel Eisner urbane Krise und Gewaltdelinquenz, in: ders., Das Ende der zivilisierten Stadt?, Frankfurt am Main 1997.

65   Aristoteles, Politik, 2 Bde., Berlin 1991.

66   Aristoteles, Nikomachische Ethik, Reinbek 2006; Ursula Wolf, Aristoteles' Nikomachische Ethik, Darmstadt 2007 (2. Aufl.); Martin Seel, 111 Tugenden, 111 Laster, Frankfurt am Main 2012 (3. Aufl.). Aristoteles zufolge sind Tugenden Dispositionen mit Vorsatz, die man deshalb tadeln oder loben kann (und sollte). Sie bilden den Charakter eines Menschen, mithin die subjektive Seite der Moral.

67   Zur neueren Diskussion siehe: Tugendethik (hrsg. von K. P. Rippe/P. Schaber), Stuttgart 1998.

68   Ulrich im Hof, Das Europa der Aufklärung, München 1995, S. 192.

69   A.a.O., S. 192.

70   Montesquieu (a.a.O., Anm. 14), S. 211.

71   Buch III, 1-2, 4-5.

72   Siehe Gadamer, Wahrheit und Methode,

75

a.a.O., S. 295 ff. Die praktische Urteilskraft ist für die Tugend-ethik ebenso zentral wie für die Politik der Bürger.

73 Je besser begründet, desto legitimer sind sie. Ihre sichtbare Aussage sollte potentiell auch Leute überzeugen können, die an den Protesten nicht teilnehmen. Ihre Kriterien sind ‚Öffentlichkeit' und ‚Friedlichkeit'. Es gibt eine Zivilität des Ungehorsams, eine These, die in der deutschen Philosophie nicht verbreitet ist (noch immer ist nämlich Kants legalistische Kritik am Widerstandsrecht vorherrschend). An dieser Stelle greift wieder ein Trotzdem-Satz der Zivilität: Normalität/Normativität trotz Gewalt und Legalität. Das ist eine allgemeine Rechtsstruktur, die enthält, was wir von uns selbst und anderen gewaltfrei erwarten.

74 Herbert Marcuse, Repressive Toleranz, in: Robert Paul Wolff/Barrington Moore/Herbert Marcuse, Kritik der reinen Toleranz, Frankfurt am Main 1966, S. 91-128. Siehe auch Heinz Kleger, Toleranz der Demokratie, Potsdam 2009.

75 Herbert Marcuse, Der eindimensionale Mensch, Neuwied und Berlin 1967.

76 Herbert Marcuse, Die Gesellschaftslehre des sowjetischen Marxismus, Neuwied und Berlin 1964.

77 A.a.O., S. 93.

78 A.a.O., S 97.

79 Unter dem Titel „Zerstörte Vielfalt" erinnert Berlin 2013 im achtzigsten Jahr nach der nationalsozialistischen Machtübernahme in zahlreichen Veranstaltungen daran. Vgl. auch Michael Wildt/Christoph Kreutzmüller (Hg.), Berlin 1933-45, München 2013. Dabei wird deutlich, dass Gewalt und Verführung zusammenspielten.

80 Herbert Marcuse, Feindanalysen. Über die Deutschen, Lüneburg 1998.

81 Siehe Christopher Gohl, Prozedurale Politik am Beispiel organisierter Dialoge, Münster, 2011; Christopher Gohl/Hans-Peter Meister, Politische Mediation bei Infrastrukturprojekten, Berlin 2012; Hannes Hinnen/Paul Krummenacher, Großgruppen-Interventionen, Stuttgart 2012.

82 Vgl. Pietro Morandi, Krise und Verständigung, Zürich 1995.

83 Thilo Sarrazin, Deutschland schafft sich ab. Wie wir unser Land aufs Spiel setzen. München 2010 (13. Aufl.).

84 Obwohl im Moment (kritisch) sogar von einem „deutschen Europa" die Rede ist, was wieder die alte Hegemoniefrage aufwirft. Deutschland schafft sich nicht ab - im Gegenteil. Deutschland schafft sich EU-Europa.

85 Ausführlicher dazu Heinz Kleger, Toleranzedikt als Stadtgespräch statt Sarrazin-Theater, Norderstedt 2011.

86 Siehe dazu die Potsdamer Dissertation von Manuela Böhm, Sprachenwechsel, Akkulturation und Mehrsprachigkeit der Brandenburger Hugenotten vom 17. bis 19. Jahrhundert, Berlin 2010.

87 Vgl. http://www.unesco.org/new/eu/social-and-human-sciences/themes/human-rights/fight-against-discrimination/coalition-of-cities.

88 Potsdamer Neueste Nachrichten, 17. Februar 2009.

89 Heinz Buschkowsky, Neukölln ist überall, Berlin 2012 (3. Aufl.).

90 Oberverwaltungsgericht Berlin-Brandenburg 14. 9. 2012, 5seitige Begründung. Siehe auch: Rechte Aufmärsche und demokratische Proteste in Brandenburg (Hrsg. Heilgard Asmus), Potsdam 2013.

91 Hannah Arendt, Was ist Politik? München 2003.

92 Denn ein ,Wesen der Bedeutung' gibt es nicht. Ludwig Wittgenstein, Philosophische Untersuchungen, Werke Bd. 1, Frankfurt am Main, S. 225-618. „Das Wesen ist in der Grammatik ausgesprochen" (S. 398).

93 Siehe Norberto Bobbio, Im Zeitalter der Menschenrechte. Ist Toleranz durchsetzbar? Berlin 1999.

94 Seel, a.a.O., S. 122.

95 Seel, a.a.O., S. 281 ff.

96 Emile Durkheim, Über die Teilung der sozialen Arbeit (1893), Frankfurt am Main 1977.

97 Siehe dazu die deutsch-französische Promotion an der Universität Potsdam: Thomas Fiegle, Von der Solidarité zur Solidarität. Ein französisch-deutscher Begriffstransfer, Hamburg 2003.

98 Hartmut Rosa, Beschleunigung. Die Veränderung der Zeitstrukturen in der Moderne, Frankfurt am Main 2005, S. 61.

99 Mareike Busch, Solidarität im beschleunigten Wandel. Das Beispiel Irland, Berlin 2012.

100 Reinhart Koselleck, Zeitschichten. Studien zur Historik, Frankfurt am Main 2000.

101 Busch, a.a.O.

102 Carl Schmitt, Die Tyrannei der Werte (1959), 3. korrigierte Auflage, Berlin 2011.

103 Carl Schmitt, Der Hüter der Verfassung (1931), Berlin 1985; Hans Kelsen, Wer soll der Hüter der Verfassung sein? (1931), in: H. Kleantsky u.a. (Hg.), Die Wiener rechtstheoretische Schule, Wien, Frankfurt am Main, Zürich 1968, Bd. 2, S. 1843-1922.

104 Bernd Rüthers, Die Werte der Tyrannei, in: Frankfurter Allgemeine Zeitung, 19. 09.2012, S. 8.

105 A. a. O.

106 Ernst Jünger, Der Arbeiter, Hamburg 1921, S. 71. Zitiert bei Christian Graf von Krockow, Die Deutschen in ihrem Jahrhundert 1890-1990, Reinbek bei Hamburg 1992, S. 163.

107 Zitiert bei Krockow, a.a.O., S. 163.

108 Die heute aus der Mode ist, was einmal anders war. Siehe Max Scheler, Der Formalismus in der Ethik und die materiale Werteethik: Neuer Versuch der Grundlegung eines ethischen Personalismus (1926), Gesammelte Werke Bd. 2, herausgegeben von Manfred S. Frings, Bonn 2005; Nicolai Hartmann, Ethik (1926), 4. unveränderte Auflage, Berlin 1962.

109 Der moderne Terror-Begriff entstammt dem historischen Kontext der Französischen Revolution und bezieht sich auf die Gewalttaten der Jakobinerdiktatur. Robespierre definiert ihn folgendermaßen: „La terreur n'est autre chose que la justice prompte, sévère, inflexible; elle est donc une émanation de la vertu." (5.2.1794).

110 Siehe Rosa Luxemburg, Die russische Revolution, hrsg. von Paul Levi, Berlin 1922.

111 Hermann Lübbe, Politischer Moralismus. Der Triumpf der Gesinnung über die Urteilskraft, Berlin 1987.

112 Sie liegt nicht in Gott, sondern im Menschen und seiner Menschlichkeit, entgegen Wolfgang Huber, Die jüdisch-christliche Tradition, in: Hans Joas/Klaus Wiegend (Hg.), Die kulturellen Werte Europas, Frankfurt am Main 2005, S. 87.

113 Vgl. Hans Joas, Einleitung, in: ders., Klaus Wiegand (Hg.), Die kulturellen Werte Europas, Frankfurt am Main 2005, S. 15. Siehe auch Heinz Kleger, Gibt es eine europäische Zivilreligion?, Potsdam 2008.

114 Vgl. Hans Joas, Die Entstehung der Werte, Frankfurt am Main 1997.

115 Niklas Luhmann, Gibt es in unserer Gesellschaft noch unverzichtbare Normen? Heidelberg 1993.

116 A.a.O., S. 5.

117 Ebenda.

118 So Luhmann, a.a.O.

119 Vgl. Luhmann, Gibt es …, a.a.O.

120 A.a.O., S. 19.

121 Niklas Luhmann, Grundwerte als Zivilreligion, in: Heinz Kleger/Alois Müller (Hg.), Religion des Bürgers, Münster 2004 (2. Aufl.), S. 175 ff. An dieser Stelle gibt es eine direkte Verbindungslinie in der Soziologie von Luhmann zurück auf Robert N. Bellah, von diesem zurück auf Talcott Parsons und Emile Durkheim und von diesem zurück auf Rousseau. Für Rousseau war die 'religion civile' das missing link zwischen der natürlichen Existenz des modernen Menschen und seiner politischen Existenz als 'citoyen'. Sie konstituiert den widersprüchlich - polyvalenten Menschenbürger.

122 Luhmann, Gibt es …, a.a.O., S. 19.

123 Ludwig Wittgenstein, Über Gewissheit, Frankfurt am Main 1970, S. 56.

124 A.a.O., S. 49.

125 Prominente Vertreter haben sogar schon von 'Sozialdemokratie als Religion' (Lafontaine) gesprochen, die sie seit der 'neoliberalen Öffnung' aufgegeben sehen. Es gibt daher einen Wettstreit darum, wer die 'besseren Sozialdemokraten' sind („Wohlstand für alle", „Politik für alle"). Auch an den 'bürgerlich-liberalen Katechismus' des früh verstorbenen Karl-Hermann Flach wird nicht zufällig wieder erinnert: ders., Noch eine Chance für die Liberalen, Frankfurt am Main 1971. Die Tradition der 'bürgerlichen Katechismen' (als Zivilreligion) stammt aus der Aufklärung. Die liberale Aufklärung geht mit Zivilreligion einher und schliesst sie nicht aus.

126 Vgl. Luhmann, Gibt es …, a.a.O., S. 20.

127 Luhmann, Gibt es …, S. 29.

128 A.a.O., S. 29.

129 A.a.O., S. 29 f.

130 Siehe Stéphane Hessel, Indignez-vous! Montpellier 2010, deutsch: Empört Euch!, Berlin 2011 (15. Aufl.).

131 Luhmann, a.a.O., S. 28.

132 Ich folge hier Heinz Kleger, Moderne Bürgerreligion, in: Unerfüllte Moderne? Hg. M

Kühnlein/M. Lutz-Bachmann, Berlin 2011, S. 522 ff.

133 Vgl. Jürgen Meyer (Hg.), Kommentar zur Charta der Grundrechte der Europäischen Union, Baden-Baden 2003, S. 6.

134 Immanuel Kant, Grundlegung zur Metaphysik der Sitten (1785), Hamburg 1965, S. 57.

135 Kant, a.a.O., S. 58.

136 Als Übersicht zur neueren Diskussion mit Kant und über ihn hinaus siehe Peter Schaber, Menschenwürde, Stuttgart 2012.

137 Vgl. Meyer, a.a.O., S. 61 ff.

138 Vgl. auch Peter Wagner, Hat Europa eine kulturelle Identität? In: Joas/Wiegand (Hg.), Die kulturellen Werte Europas, Frankfurt am Main 2005, S. 510.

139 In: Wertebildung in Jugendarbeit, Schule und Kommune (hrsg. von W. Schubarth, K. Speck, H. Lynen von Berg), Wiesbaden 2010, S. 346-350.

140 A.a.O., S. 347.

141 A.a.O., S. 348. Siehe dazu auch H. Joas/K. Wiegand (Hg.), Die kulturellen Werte Europas, Frankfurt am Main 2005; Heinz Kleger, Gibt es eine europäische Zivilreligion? Potsdam 2008.

142 A.a.O., S. 348 f.

143 A.a.O., S. 349. Lange ging es ausschließlich um diese Tugenden in den Schulen, die in den Zeugnissen jeweils separat bewertet wurden. Frühere Vätergenerationen schauten darauf mehr als auf die Noten, heute ist es umgekehrt.

144 A.a.O., S. 349.

145 A.a.O., S. 349.

146 Ebenda.

147 Ebenda.

148 Dirk Wilking, Wertebildung am Beispiel der Arbeit des Mobilen Beratungsteams, in: Wertebildung, a.a.O., S. 311. Hervorhebung H. K.

149 Wilking, a.a.O., S. 312.

150 Holger Rupprecht, Sich kümmern statt wegsehen, in: Perspektive 21, 2006, Heft 31, S. 61-64.

151 ‚Kleinlichkeit' ist im Übrigen ein Laster, welches Martin Seel in seine Liste aufgenommen hat, a.a.O., S. 282.

152 Niklas Luhmann, Politische Soziologie, Berlin 2010, S. 230.

153 Baruch de Spinoza, Theologisch-Politischer Traktat (1670), Hamburg 1984, S. 307 f.

154 Seit dem 15. Jahrhundert Zufluchtsstadt für Flüchtlinge (‚mokum', hebräisch ‚makom'). Auch Genf versteht sich seit jeher als "cité de refuge".

155 Siehe Tobias Müller aus Amsterdam, in: Potsdamer Neueste Nachrichten, 28. 12. 2012, S. 28.

156 Müller, a. a. O.

157 Ebenda.

158 Siehe dazu Cornelia Schimpf, Versagen einer Zufluchtsstadt. Kulturpolitik am Beispiel des staatlichen Bauhauses in Weimar von 1919 bis 1925, Berlin 2008.

159 Der eigenwillige marxistische Soziologe Henri Lefèbvre (1901-1991) sprach bereits 1968 von einem 'Recht auf Stadt' (Le droit à la ville, Paris, 1968). Er verband es mit einer 'Kritik des Alltagslebens' (französisch 1. Band 1946, 2. Band 1961; deutsch 1975/77), die heute neue Anknüfpungspunkte findet.

160 Vgl. Matthias Lemke (Hrsg.), Die gerechte Stadt. Politische Gestaltbarkeit verdichteter Räume, Stuttgart 2012.

161 Vgl. Matthias Möhring-Messe, Ungerechtigkeiten der Stadt, in: Matthias Lemke (Hrsg.), Die gerechte Stadt, a.a.O., S. 25-49.

162 Zitiert in: Märkische Allgemeine Zeitung, 09.08.2013.

163 Karl R. Popper, Die offene Gesellschaft und ihre Feinde, Bd. 1, München 1975 (4. Aufl.), S. 359.

Über den Autor

Heinz Kleger,
Prof. Dr. phil., geb. 1952 in Zürich, Philosoph und Sozialwissenschaftler.

Lehrt seit 1993 Politische Theorie an der Universität Potsdam, 2004-2008 auch an der Europa-Universität Viadrina in Frankfurt an der Oder; 1989-1992 Co-Leiter des interdisziplinären Nationalfonds-Projekts ‚Krise und sozialer Wandel'; 1994-1997 Leiter eines Forschungsprojekts über die metropolitane Transformation im Großraum Berlin; Wissenschaftspreis Berlin-Brandenburg 1996; 2005-2007 Projekt: ‚Bürgerkommune und Bürgerhaushalt' in Zusammenarbeit mit der Stadtverwaltung Potsdam; 2007 Projekt ‚Stadt der Bürgerschaft – Rathenow 2020'; seit 2008 ‚Toleranzedikt als Stadtgespräch'; seit 2011 ‚Bürgerbeteiligung zwischen Regierungskunst und Basisaktivierung'.